王更生著

王更生先生全集

第一輯

第四冊　文心雕龍導讀

文史哲出版社印行

王更生先生全集 第一輯

王更生先生全集 第一輯18冊

第四冊 文心雕龍導讀

著者：王更生
出版者：文史哲出版社
http://www.lapen.com.tw
登記證字號：行政院新聞局版臺業字五三三七號
發行人：彭正雄
發行所：文史哲出版社
印刷者：文史哲出版社
臺北市羅斯福路一段七十二巷四號
郵政劃撥帳號：一六一八〇一七五
電話886-2-23511028 · 傳真886-2-23965656

定價新臺幣 6000 元

中華民國九十九年（2010）八月十二日初版

ISBN 978-957-549-917-4 08991

重修增訂

文心雕龍導讀

王更生自署

「文心雕龍導讀」原序

本書內容分正文和附錄兩部分。正文又分十個單元；這十個單元至少包含着以下幾點特色：一、本於知人論世的原則，書中首先介紹作者生平，而後再分敘文心雕龍的性質、寫作背景、成書時代、內容組織、重要板本、研讀方法與發展趨向，由外緣的切入，到內蘊的揭示，次第有條不紊。二、文心雕龍陶冶萬彙，體大慮周，造語用事，尤稱奧衍。古今學者，往往望而卻步。本書鎔意裁詞，盡量淺白，期能於平易文字中，令初學之士，如倒啖甘蔗，循序漸進，邁入佳境。三、指引性讀物，貴乎有一分證據說一分話，有十分證據說十分話，平實切要，最得箇中三昧。本書除符合此種原則外，每遇有言不盡意處，又另製圖表，以代說明，學者圖文對照，可以執簡馭繁。四、前人多以讀經之法讀文心，不外校勘、評註二途；很少能大判條例，尋繹其中原理原則。本書講到研讀方法時，特分上下兩篇敘述：上篇側重抉發劉勰行文運思的血脈經絡；下篇闡明研讀的進階重點。藉法則的領導，可達全面的認知。五、文心雕龍的研究，至近代始一躍而爲世界的顯學，有登峰造極之勢。關於今後發展的趨向，和當前研究者的動態，應爲愛好此學者所當知，是以本書對「文心雕龍學」發展的趨向，專門設篇，並將近六十年來文心雕龍研究總結，附錄於全書之末；俾讀者鑑往察來，確實發揮導引性的作用。

六、前人對於參考用書的介紹，往往廣羅羣著，自炫浩博。本書關於文心雕龍板本，自唐寫殘卷，到兩廣節署的黃注紀評；參考用書，從黃氏札記，到王更生的文心雕龍研究，合計十四種，每一本都屬切實應讀之作；並列舉各書優點、用法，和出版庋藏的處所，於茫茫學海中，開示學者入手法門。

我認爲學問之道，貴求自得，欲求自得，必先悟入；而悟入的重要門徑，又多半含藏在一書的片詞單字中。尤其劉勰文心雕龍，書非苟作，人爲世出，不僅是中國古典文論的淵藪，更爲建立現代民族文學的張本。如果一個人對於原書的字句文義尚不能透徹理解，即遽爾橫發議論，自以爲戛戛獨造，卓然有成，這是絕不可能的事。昔人讀書之弊，在祇知埋頭苦讀，窮思冥索，而不甚講求門徑；今人之失，則又失於太講求門徑，而不肯下切己體察，深接玩味的工夫。今特將平時講學所論，董理補苴，編成這本讀物。雖然關於研讀文心雕龍的途徑，已大略具備，但它決不可能是一帖萬應靈丹，惟望讀者諸君，袪除古今讀書的流弊，以本書所言作導引，腳踏實地的從文心雕龍本身，去探源竟委；尤不可畏難瞻顧，那麼，久而久之，對文心雕龍這部博大精深的寶典，必定會獲致突破傳統的新發現。

學問之道，如大海操舟，每一個人除了在自己的岡位上，克盡舵手的職責，隨時修正前進的方向以外；在這乘風破浪的航程中，最重要的還是靠着同舟一志的人們的努力和相互鼓勵，但願以我們鍥而不捨的精神，共同拓展「文心雕龍學」的未來。使我們的民族文學，在正統文學理論的薰染下，開放傲視全球的奇葩！

王更生　民國六十六（一九七七）年元旦書於臺灣新北投大屯寓廬。

重修增訂板「文心雕龍導讀」序

民國六十六年（一九七七）成「文心雕龍導讀」，同年三月交由臺灣臺北華正書局正式鑄版問世。六十七年九月再版、六十九年修訂三版時，增加了「附錄：近六十年來文心雕龍研究總結」，以後七十二年、七十四年、七十六年均有發行，並由四版、五版而至六版，十年以來，因銷行數量之龐大，層面之普遍，足以說明劉勰「文心雕龍」受廣大讀者喜愛的程度爲如何了。

七十六年（一九八七）筆者赴香港擔任訪問客座教授，在滯港期間，頗留意於國際學術界「文心雕龍學」發展概況，因而對新出資料，如專門著述，單篇論文，其間特別是對大陸、香港和日本三方面的學人研究、動態，更寄予無限的關切，爲此也搜集到不少的資料。

客歲八月，走商華正書局負責人郭昌偉先生，表達筆者對十年前出版的「文心雕龍導讀」重修增訂的期望；並將醞釀已久的構想，和近年零星寫作的短篇論文，有足以補

「導讀」之闕，對初學入門者有所助益的，皆經嚴加甄擇，分別增訂，於是在篇目方面：由原來的十章增爲十三章，內容方面：增加了「文心雕龍行文之美」和「研讀文心雕龍預修科目的商榷」，附錄方面：新增「最近國內外研究文心雕龍概況」，文字方面：凡措辭直率，行文不妥的地方，亦經過再三斟酌，而予以合理的訂正。至於十年以來，由於時勢的推移、看法的更新、注釋的不同，特別是對彥和行文，經過深體密會之後，有許多地方自信是今日之我，突破了昨日之我，而有異乎從前的發現。並藉着這次重修增訂的機會，呈現於讀者的面前。

「文心雕龍」的豐富內涵，如高山大川，仰之彌高，鑽之彌堅。我縱然竭畢生之力加以追討，但仍感山高水長，有很多曲意密源，似近而遠的地方，雖心知其理而不能言，能言而又不能盡其意。所謂「觀於滄海難爲水，遊於聖人之門者難爲言」，此情殆有似之！

最後，我特別聲明的，是這次重修增訂，不僅在整個版面上，改爲鉛字排印，把字體放大，便利多方面年齡的人閱讀；就是在裝訂上，也極端考究美觀和典雅。所以筆者在此特別向華正書局負責人郭昌偉先生表示深切的敬意和謝意。

王更生序於民國七十七（一九八八年二月十六日）年除夕之夜臺灣臺北退思齋。

重修增訂 文心雕龍導讀 目次

一　劉勰其人其事

「文心雕龍」作者劉勰，字彥和，因爲他在南朝梁天監年間擔任過東宮通事舍人，後人就稱他「舍人」，晚年曾變服出家，改名「慧地」，所以「慧地」又成了他的法號。

劉勰是漢齊悼惠王肥的後裔，其始祖撫，東晉彭城內史，高祖爽，尚書都郎官、山陰令。曾祖仲道，做過宋建武參軍，祖父靈眞，父尚，任宋越騎校尉，叔曾祖劉穆之，叔祖劉秀之、劉欽之，在劉宋時代都曾任職朝廷，官高爵顯①。

劉家原籍山東莒縣，永嘉之亂，衣冠南渡後，集中居住於東莞郡之京口（今江蘇鎭江）②，對南朝的政治、社會極具影響力。

劉勰大約出生於宋孝武帝大明八年（西元四六四），當時正値變亂紛乘，釋、老並興的時代，傳統的儒家思想已失去維繫世道人心的力量，京口劉氏——這個龐大的家族，經宋歷齊，爲時雖不滿百年③；也許由於他早年喪父，家道中落，寡母弱子，相依爲命。大概是劉勰二十歲的時候，母親又相繼病故④；在那個純農業的社會裏，一個讀書人，謀職相當不易。根據梁書劉勰傳的紀載，當他在走投無路的情況下，適逢釋僧祐奉齊武帝（蕭頤）敕，入吳弘法，劉勰乃往建康上定林寺，幫釋僧祐整理經藏，抄撰要事⑤。釋僧祐是位精通義律的高僧，劉勰又自幼「篤志好學」⑥，對我國傳統的學問，早已奠下良好的基礎；現在復日與佛典爲伍，並連續下了十幾年的苦工，遂儼然成了學貫中、印的名家。凡當時京師寺塔及名僧碑誌，都以請他製文爲榮。其間他曾幫助釋僧祐編了不少的著作，如：出三藏記集、世界記、釋迦譜、法苑記、弘明集等，直到現在，我們還可以親炙到他的手澤⑦。

大概是當以上各書殺青定稿以後，他已年過三十了。一天，夢見自己手捧朱紅色的禮盒，隨仲尼而南行。他以爲聖人託夢，事非偶然，從此便決心讚聖述經，開始造作「文心雕龍」⑧。到齊和帝中興元、二年（西元五〇一）之間，前後可能化了五至六年的時光，才完成了這部空前絕後的鉅著。過去劉大杰作中國文學發達史，提到「文心雕龍」的成書，認爲「一定是當劉勰未深信佛教以前。假使他篤信佛教的話，絕不寫這本書；卽令是寫，也絕不至於在五十篇三萬七千多字中只有『般若』一詞」⑨。現在許多讀者根據劉勰平生和佛教關係的密切，心裏先預存着「文心雕龍」不可能不受佛典影響的成見；想盡辦法拿書中的結構、措辭、文義去附會，這實在不是持平的態度。要知道「文心雕龍」乃完成於他的早年，尤其是在他第一次校訂經藏，對佛典尚在繼續研究，還未到堅定信仰的程度；且其著作之意，又旨在樹德建言，作爲問津仕途的憑藉⑩。所以我覺得劉勰著「文心雕龍」，以儒家思想爲主導，從他的家世、出身、以及前期的遭遇上看，自是理所當然，毫無可疑的事。

相傳「文心雕龍」既成，劉勰猶寄跡桑門，身名未顯，不爲時流所稱，因而負書以干沈約。約當時官驃騎司馬，吏部尚書兼右僕射，權牟宰輔，十分貴盛。讀後，讚其「深得文理」，常置几案。⑪勰便從此蜚聲文壇，爲士林矚目。

大概在梁武帝天監初年，經沈約的推薦，擔任奉朝請。從此劉勰就正式活躍於政治舞臺，達到了他「摛文必在緯軍國，負重必在任棟梁」⑫的目的。天監二年（西元五〇三）兼中軍臨川王宏的記室，次年（五〇四）遷車騎倉曹參軍，七年（五〇八）出任太末令，政有清績。十年（五一一）除仁威南康王記室，十六年（五一七），也就是在他五十四歲的時候，兼東宮通事舍人⑬。史載當時昭明太子年方十七，雅好文學，深愛接之⑭。

至於劉勰三校經藏的時間，據考第一次當然是在父死母歿以後，依上定林寺釋僧祐整理經藏，此次參與的人數不詳，不過我們從慧皎高僧傳裏，知道除劉勰以外，僧祐的朋儕、高足，如釋僧柔、釋法通、釋智進、釋正度、釋僧護、釋法悅等，恐怕都參加了這次盛舉。第二次在天監六年（五〇七），武帝以爲「法海浩瀚，淺識難尋」，於是奉敕同莊嚴寺沙門釋僧旻、釋僧智、釋僧晃等才學道俗三十人，同集上定林寺，抄一切經論，以類相從，凡八十卷。這一次由於人數最多，需時也最短。第三次是梁武帝普通元年（五二〇），劉勰五十七歲光景，奉敕與沙門慧震撰經於上定林寺，由他本人主持。這一次看情形規模不小，只可惜高僧傳不載慧震的生平，否則，我們也許會有更進一步的發現。此次校經，劉勰的思潮極不平靜；因爲釋僧祐在三年前去世了。他不僅隱含人天永隔，死生師友的悲哀；同時自己老而無依，更平添了他寂寞無助的感傷。尤其當他經過三校經藏之後，對佛教已具有深湛的信仰，因而燔髮自誓，啟請出家，就成了劉勰別無選擇的歸宿⑮。

「文心雕龍」五十篇，是一部體大慮周的著作，不僅齊、梁以前不曾有，就是齊、梁以後也未之見。正如顧亭林日知錄上說的：「古人之所不及就，後世之所不可無，此謂之創見。」「文心雕龍」就正是劉勰的千古創見。至於對南朝佛經的集結與整理，他費時最久，用力最勤，貢獻也最大。儘管慧皎沒來得及把他列入高僧傳；可是在他大約短短五十九年（四六四——五二二）的人生旅途上，有這部「標心萬古，送懷千載」⑯的鴻文巨製，就不怕不能「炳耀垂文」，「懸諸日月」了⑰。

他的作品，除「文心雕龍」而外，居今可以考見的還有滅惑論（收在弘明集卷八）、梁建安王造剡山石城寺石像碑文（見錄於會稽掇英總集卷十六）。餘如鍾山定林上寺碑銘。建初寺初創碑銘、僧柔法師碑銘以及釋僧柔、釋僧祐、釋超辨三碑文皆有存目而文已佚，梁書本傳上說他有文集行世，根據後人考訂，他的文集在唐初已經不存了。

附東莞劉氏世系表⑱：

- 爽（宋山陰令）
  - 仲道（宋、建武參軍）
    - 欽之（宋、右軍參軍）
    - 秀之（宋、尚書右僕射）（字道寶）
      - 景遠（宋、越騎校尉）
        - 儁（齊、國除）
    - 粹之（宋、晉陵太守）
    - 恭之
    - 靈眞（宋）
      - 尚（宋、越騎校尉）
        - 勰（梁、東宮通事舍人）（字彥和）

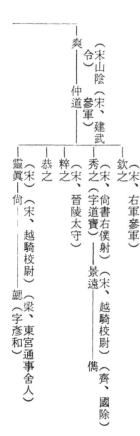

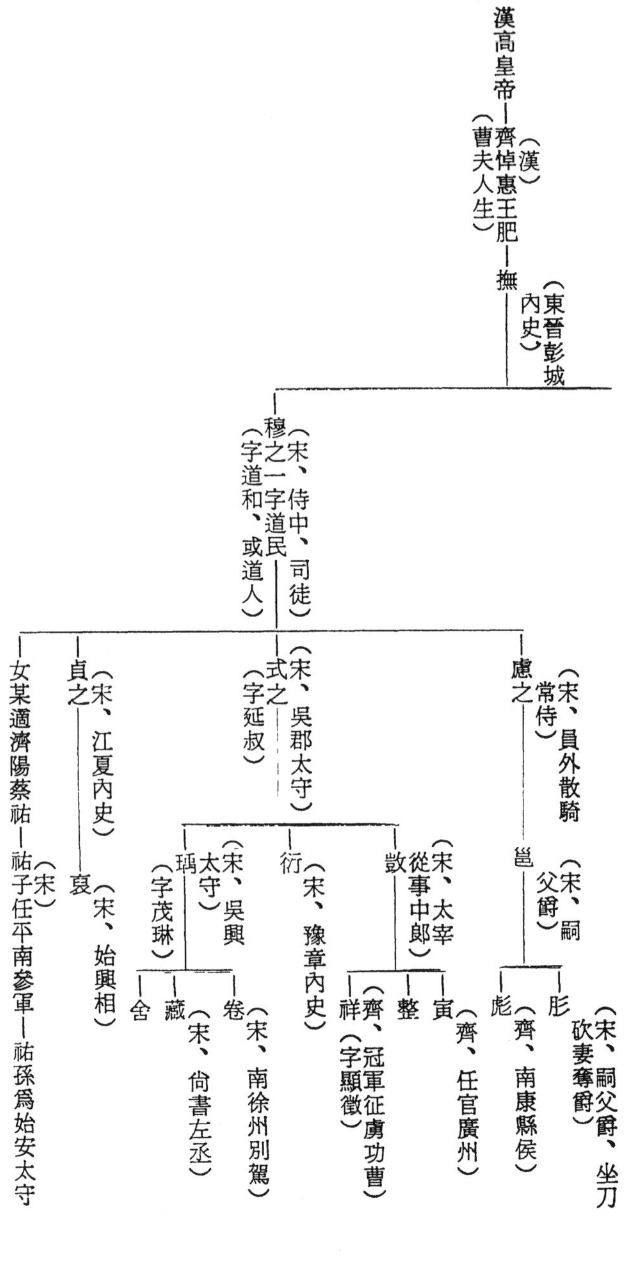

【附注】

①參閱宋書卷八十一劉秀之傳。卷四十二劉穆之傳，南史卷十五劉穆之傳。

②晉明帝（司馬紹）（西元三二三～三二五年在位）僑置南東莞郡於南徐州，鎮京口，宋、齊

兩代因之。

③由宋武帝（劉裕）永初元年（西元四二〇）算起，到齊東昏侯（蕭寶卷）永元二年（西元五〇〇）止，共八十一年。

④參閱王更生著文心雕龍研究第二章梁劉彥和先生年譜。

⑤據梁書、南史本傳的記載，適釋僧祐於永明年間入吳，試簡五眾，宣講十誦，更伸受戒之法。勰依沙門僧祐，與之居處積十餘年。

⑥見梁書劉勰傳。

⑦梁書劉勰傳云：「彥和依沙門僧祐，與之居處積十餘年；遂博通經論。因區別部類，錄而序之，今定林寺經藏，勰所定也。」各著皆收於大藏經的法集。而法集凡八帙：第一帙釋迦譜五卷、第二帙世界記五卷、第三帙出三藏記集十卷、第四帙薩婆多部相承傳五卷、第五帙法苑記五卷、第六帙弘明集十卷、第七帙十誦記十卷、第八帙法集雜記傳銘七卷。

⑧文心雕龍序志篇云：「齒在踰立，嘗夜夢執丹漆之禮器，隨仲尼而南行。旦而寤，乃怡然而喜，大哉，聖人之難見也。迺小子之垂夢歟！自生民以來，未有如夫子者也。敷讚聖旨，莫若注經；而馬、鄭諸儒，宏之已精，就有深解，未足立家。唯文章之用，實經典枝條。五禮資之以成文，六典因之以致用，君臣所以炳煥，軍國所以昭明，詳其本源，莫非經典。而去聖久遠，文體解散，辭人愛奇，言貴浮詭，飾羽尚畫。文繡鞶帨，離本彌甚，將遂訛濫。蓋周書論辭，貴乎體要，尼父陳訓，惡乎異端；辭訓之奧，宜體於要。於是搦筆和墨，乃始論

文。」

⑨見中華版劉大杰中國文學發達史上卷二二八頁。

⑩文心雕龍序志篇：「人肖貌天地，稟性五才，擬耳目於日月，方聲氣乎風雷，其超出萬物，亦已靈矣，形甚草木之脆，名踰金石之堅，是以君子處世，樹德建言，豈好辯哉，不得已也。」

⑪見梁書劉勰傳。

⑫見文心雕龍程器篇。

⑬見梁書、南史劉勰傳。

⑭同注⑬。

⑮同注⑬。

⑯見文心雕龍諸子篇。

⑰同注⑯。

⑱參閱王更生文心雕龍研究第二章梁劉彥和先生年譜，一、譜前。

又注：民國六十七年（西元一九七八）十二月中共中國社會科學出版社，發刊「文學評論叢刊第一輯」書中李慶甲先生著有「劉勰卒年考」一文。他根據後出的資料如南宋釋祖琇撰於隆興（西元一一六三～一一六四）年間的「隆興佛教編年」、南宋釋志磐撰於咸淳（西元一二六五～一二七四）年間的「佛祖統紀」、南宋釋本覺撰於咸淳年間的

「釋氏通鑑」、元釋念常撰於恭定（西元一三二四～一三二八）年間的「佛祖歷代通載」，元釋覺岸撰於至正（西元一三四一～一三六八）年間的「釋氏稽古錄」，推定劉勰的卒年是梁武帝中大通四年（西元五三二）總共活了六十七、八歲，李氏有以後說企圖推翻前論之意，今錄於此，供讀者參考。

二　「文心雕龍」是本怎樣的書

想知道「文心雕龍」到底是本怎樣的書，先要看一看歷代史志對它著錄的情形。隋書經籍志是第一部著錄「文心雕龍」的圖書目錄，自此以下，公私藏目，略無遺漏。雖然卷帙多寡無別，但類聚羣分，卻截然不同。如隋書經籍志，列它入總集，袁州本郡齋讀書志則改入別集，四庫全書薈要目只說它是集部的書，文淵閣書目認爲是個人的文集，行人司書目又派它入古文類，菉竹堂書目說它應該屬於子部雜家。還有新唐書藝文志，列「文心雕龍」入文史類。至於國史經籍志、述古堂藏書目，卻將它納入詩文評類。另外如平津館鑒藏記、莚圃善本書目，根本就不標類別。從這些地方，也可以看出歷代史志對它的內容眞象，還是出入子、史，沒有明確的交代。

時至晚近，由於明、清諸儒校勘評注的貢獻；民元以來，文壇先進又竭力推闡，目前由國內到國外，整個學術界人士，對它的研究也有了突破性的發現；不幸的是大家太牽拘西洋習用的名詞，亂向「文心雕龍」貼標籤。說它是中國最具系統的一部「文學評論」專著，劉勰是「中國古典文論專家」。可是，我們經過反覆揣摩，用力愈久，愈覺得「文心雕龍」自有它獨特的面目。因爲我國往昔對作品多談「品鑑」，無所謂「批評」，這種西方習見的名詞，用到我國傳統的著作上，總覺得有點不對勁①，即令是勉強借用，而「文心雕龍」亦決非「文學評論」或「文學批評」，這種單純的意義所能範圍。所以菉竹堂書目把它歸入子雜類，清朝譚獻復堂日記謂「文心雕龍」，乃「獨照之匠，自成一家」，這兩種說法，不僅前後輝映，更是先得我心。

包世臣藝舟雙楫序云：「文心雕龍推本經籍，條暢旨趣；大而全篇，小而一字，莫不以意逆志，得作者用心所在。」劉永濟文心雕龍校釋議對篇釋義云：「彥和之時，文浮末勝，尤無足觀，故其雖揚搉前代作者，實鍼砭當世文風，最爲切要。顧亭林謂：『文須有益於天下』，彥和有焉，讀此書者，未可純以齊、梁文士目之也。」劉勰自述寫作「文心」的動機時也說：「敷讚聖旨，莫若注經；而馬、鄭諸儒，弘之已精；就有深解，未足立家。」孔子是百家的宗師，學術的山斗；在魏、晉、六朝釋老並興，儒學消沈的時代，彥和不惜作時代的反動，挽狂瀾於既倒。他託體孔子，推本經籍，正表現他學有所宗。所以單從這一點去看，絕不能把他和一個普通的文學批評家相提並論的。

至於馬融、鄭玄，東漢以來，久享士林的清譽；而彥和卻撇開了他們訓詁羣經的舊路，毅然別闢蹊徑，去搦筆和墨，衡論古今文理。他這種旣入乎經典之中，復出乎經典之外的目的，據他自己說，是想成一家之言②。所以諸子篇裏有：「百姓之羣居，苦紛雜而莫顯，君子之處世，疾名德之不章。」又說：「身與時舛，志共道申，標心萬古之上，而送懷千載之下。」這不正是他「隱然自寓」嗎③？試問，像他這部「標心萬古，送懷千載」的「文心雕龍」，又那裏是純粹的文學評論範圍得了呢？

再看「文心雕龍」程器篇，論文人應先器識而後文藝的話，他說：「君子藏器，待時而動，發揮事業；固宜蓄素以弸中，散采以彪外，楩柟其質，豫章其幹。摛文必在緯軍國，負重必在任棟梁，窮則獨善以垂文，達則奉時以騁績。」他引周書梓材之篇以論古今文士，最後歸結到儒家修、齊、治、平的一貫道統。同時，根據梁書劉勰傳，他曾任太末（今江蘇省太末縣）令，政有清績；兼東宮通事舍人，深受昭明太子所愛接。如此看來，他自己本身就是一個理論而兼實行的學者，所以這更非一般純粹的「文學批評家」能夠勝任。

最後，我們從「文心雕龍」全書五十篇的結構上看，前五篇是「本乎道，師乎聖，體乎經，酌乎緯，變乎騷」。他自己說是「文之樞紐」；其實，這就是他的「文學思想」。後二十篇，由明詩到書記，論文敍筆；再十九篇，由神思到總術④，剖情析采；又卷九和卷十的幾篇，如「崇替於時序，褒貶於才略，怊悵於知音，耿介於程器」，是文學批評的總薈；這整個的四十四篇，可以說是他的「方法論」。序志篇貫於全書之末，所謂「位理定名，彰乎大衍之數，其爲文用，四十九篇而已。」⑤這種「振葉尋根，觀瀾索源」，述先哲之誥，益後生之慮，旣有思想，又有方法，思想爲體，方法爲用，體用兼備的鉅著；不僅在六朝時代，是文成空前；就是六朝以後，也無人繼武。我說「文心雕龍」是「文評中的子書，子書中的文評」，最能看出劉勰的全部人格，和「文心雕龍」的內容歸趣。

我嘗說：先秦兩漢諸子，或從政治，或從法治，或從經濟，或從軍事各方面著書立說，以遊說諸侯，馳騁當世，可以說是從思想方面，來達成救亡圖存的崇高理想；而劉勰目睹六朝文學「去聖久遠，文體解散」，正如裴子野雕蟲論上說的「亂代之徵，文章匿而采」，所以劉勰撇開漢儒名物訓詁的「注經」工作，來和墨論文。究其目的，是想從文學創作和批評方面，發揮積極救世的作用。所以劉勰旣非純粹的文學批評家，文心雕龍更不是一本純粹文學批評的專門著作了。

【附　注】

①見民國五十八年（西元一九六九）香港滙文閣書店出版之文心雕龍研究論文集初編，寇效信評文心雕龍研究中的一種傾向一文。

②文心雕龍序志篇，劉勰自云：「敷讚聖旨，莫若注經，而馬、鄭諸儒，弘之已精，就有深解，未足立家。」又序志篇贊曰：「文果載心，余心有寄。」皆可證明劉勰著述文心雕龍的意識形態。

③見紀昀文心雕龍評諸子篇評。

④由神思到總術本十九篇，一般研究文心雕龍的學者們皆以為二十篇者，因為相信范文瀾、劉永濟二家之說，將卷十「物色」改入總術篇前，時序置於卷十首篇之故。范文瀾文心雕龍注物色篇注㈠云：「本篇當移在附會篇之下，總術篇之上，蓋物色猶言聲色，卽聲色以下諸篇之總名，與附會篇相對而統於總術篇，今在卷十之首，疑有誤也。」劉永濟文心雕龍校釋物色篇校釋云：「按此篇論旨，宜與前比興、夸飾諸篇為次，今在時序篇之下，或由後人改編，蓋但視篇名，誤認時序二字之義也。」更生案：二家之說皆屬疑辭，毫無確證，一、觀最早之傳本，如元至正十五年（西元一三五五），物色篇卽在時序篇下，與今本無異。二、玩序志篇的措辭，所謂「籠圈條貫」，以及六朝文對仗駢偶的通例。則物色篇或不如范、劉

二家之說。因此，特從今本篇次，不加改動，將物色篇屬之文評論。

⑤見文心雕龍序志篇。

三　劉勰所處的時代背景

一時代有一時代的學術思想，一時代有一時代的文學觀點，而一時代的學術思想或文學觀點，又必與前代或當代的風氣潮流相攸戚。「文心雕龍」時序篇說：「時運交移，質文代變，古今情理，如可言乎！」又說：「歌謠文理，與世推移，風動於上，而波震於下者。」可見有怎樣的文學，必有怎樣的時代，有怎樣的時代，自必產生怎樣的文學。顧炎武日知錄說：「三百篇之不能不降而楚辭，楚辭之不能不降而漢魏，漢魏之不能不降而六朝，六朝之不能不降而唐也，勢也。」顧文所謂的「勢」，指的正是時代潮流和風氣。風氣、潮流影響於文學作品，既如此深遠，則劉勰「文心雕龍」成書於南齊之末，他所以能綜理前人文論的緒業，力避馬、鄭注經的束縛，亦勢必與時代潮流息息相關。因此學者欲瞭解「文心雕龍」的內容論旨，關於劉勰著述的時代背景，自有先期認識的必要。玆約爲以下四點加以說明。

㈠變亂迭起，民不聊生：劉勰處於南、北對抗的時代，社會的殘破，建安時期已經開始，文心雕龍時序篇評此期文學的特色說：「良由世積亂離，風衰俗怨，並志深而筆長，故梗概而多氣也。」至西晉末年，經過永嘉之亂（晉懷帝五年，西元三一一，石勒陷洛陽，虜懷帝北去）以後，人民疾苦，已到了怵目驚心的程度，據晉書食貨志說：「及惠帝之後（西元二九〇年），政、教陵夷。至於永嘉（晉懷帝年號，西元三〇七至三一二），喪亂彌甚。雍州以東，人多飢乏，更相鬻賣，奔迸流移，不可勝數。幽、并、司、冀、秦、雍六州大蝗①，草木及牛、馬、毛皆盡。又大疾疫，兼以饑饉，百姓又爲寇賊所殺，流屍滿河，白骨蔽野。劉曜之逼（晉愍帝建興四年，西元三一六，劉曜陷長安），朝廷議欲遷都倉垣②，人多相食，饑疫總至，百官流亡者十八、九。」在如此亂離的時代中，我們翻檢中國文學史，甚少看到正視人民疾苦的作家，和反映人民生活的詩歌。前代除魏之武帝（如曹操蒿里行：「白骨露於野，千里無鷄鳴。生民百遺一，念之斷人腸。」）曹植（如送應氏二首：「中野何蕭條，千里無人煙。念我平生親，氣結不能言」）王粲（如七哀詩：「西京亂無象，豺虎方遘患。……出門無所見，白骨蔽平原。……」）阮籍（如詠懷詩）外，於晉祇有左思、張載、陶潛等數家③。其他的作品，多屬公私飮讌，朋友契濶，死生新故，臨別贈答。故劉勰於時序篇云：「前史以爲運涉季世，人未盡才，誠者斯談，可謂嘆息！」明詩篇也說：「晉世羣才，稍入輕綺，張、潘、左、陸，比肩詩衢，采縟於正始，力柔於建安，或析文以爲妙，或流靡以自妍，此其大略也。」漫長的天災人禍，不但沒有喚起文士們悲天憫人的同情心，反而以雕琢細碎的詞句爲妙，鋪陳浮靡的藻采爲美，作品的內容和風力，完全失去了反映生活的功能，實如大病復瘇的患者，實在是虛弱極了，也蒼白極了。

(二)經學消沈，佛、老並興：魏、晉之際，是我民族文化一大轉捩點。魏、晉以前，是以漢民族爲本位的經學鼎盛時代，此時由於胡人亂華，衣冠南渡，中原士族不僅與南方苗、蠻漸形同化，而印度佛教自東漢內來以後，也隨清談的風氣而並興，致令傳統的經學趨於消沈，佛、老得間而起。顏氏家訓勉學篇云：「何晏、王弼，祖述玄宗，遞相誇尚，景附草靡。皆以農、黃之化，在乎己身；周、孔之業，棄之度外。……清談雅論，剖玄析微，賓主往復，娛心悅耳。洎於梁世，玆風復闡。莊、老、周易，總謂三玄。武皇、簡文，躬自講論。」由於何、王倡之於前，武皇、簡文講論於後，他們既祖述農、黃之化，其結果就正如趙翼二十二史札記上說的：「天下莫不競爲浮誕，遂成風俗；學者以老、莊爲宗，而黜六經」了。且當時清談之士，也往往與釋子相周旋，譬如高僧傳載釋慧遠更博綜六經，尤善老、莊。陳書馬樞傳，載樞博稽經史，尤善佛經及周易老子義。故於此佛、老並興之際，劉勰明詩篇云：「江左篇製，溺乎玄風，嗤笑徇務之志，崇盛亡機之談，袁、孫已下，雖各有雕采，而辭趣一揆，莫能爭雄。」時序篇又說：「自中朝貴玄，江左稱盛，因談餘氣，流成文體。是以世極迍邅，而辭意舒泰。詩必柱下之旨歸，賦乃漆園之義疏。」影響所及，是「正始明道，詩雜仙心」，和「景純仙篇，挺拔而爲俊矣」（見明詩篇），於是談玄的作品與「遊仙文學」，便在此時大行其道了。

㈢上層階級生活腐化，下層平民趨慕虛榮：自五胡內侵，中土遺民，播徙江表。人人寄望於北歸故國，作結伴還鄉之夢。宋書律曆志序云：「人佇鴻雁之歌，士蓄懷本之念；莫不各樹邦邑，思復舊井。」但經過一連串的流亡歲月，偏安皇朝的政治漸次腐化，軍事反攻的意圖歸於渺茫，因之，人心趨變，安土重遷。在創造生存競爭的條件下，自然而然的便求田問舍，出賣自己的智慧與勞力，作爲賡續生命的打算。憑藉著江南富裕的天然資源，依賴著中原人民的生活知識和高度文化，因而構成了南朝社會經濟繁榮的小康之局。反映在這個歷史階段和時代背景裏的現象，是上層階級生活腐化；流風所及，下層平民趨於貪慕虛榮，窮侈極慾。例如晉書姚興傳，載韋華答姚興「晉室南遷後，政教風俗如何」的問題時，說：「晉主雖有南面之尊，無總御之實。宰輔執政，政出名門，權去公家，遂成習俗，刑綱峻急，風俗奢宕……」南齊書卷三武帝永明七年四月，下詔說：「晚俗浮麗，歷兹未久，每思懲革，而民未知禁。乃聞同牢之費，華泰尤甚，膳羞方丈，有過王侯，富者扇其驕風，貧者恥躬不逮。」蕭惠基傳裏也有類似的話：「自宋大明以來，聲伎所尚，多鄭、衞淫俗，雅樂心聲，鮮有好者。」自西晉末葉以來，北方災荒連年，人民生活極度動盪。直接間接影響南方朝野心理。滿足於客觀的物質環境，無復躍馬中原的壯志了。因此南方皇朝的統治者，固然耽於逸樂，即士大夫階層的生活方式，也極盡聲色犬馬之娛。故悠遊田園的「山水文學」因而產生。劉勰於「文心雕龍」明詩篇說：「宋初文詠，體有因革，莊、老告退，而山水方滋，儷采百字之偶，爭價一句之奇，情必極貌以寫物，辭必窮力而進新，此近世之所競也。」他們「深心主卉木，遠致極風雲」，「連篇累牘，不出月露之形，積案盈箱，唯是風雲之狀」，此裴子野痛詆雕蟲，而李諤所以論文體輕薄者也。

㈣唯美主義興起，文學重形式而輕內容：「文心雕龍」時序篇以為「風動於上，而波震於下」，政治風氣，社會環境以及經濟生活，影響人文；文學是時代的尖兵，亦如風吹草偃，便直接受到它的影響。所以在「遊仙詩」和「山水文學」之外，「色情文學」，在當時又極其泛濫。根據南史簡文帝本紀說：「帝辭豔發，然傷於輕靡，時號宮體。」所謂「宮體」，就是「色情文學」的雅稱。此等文學的特色，隋書經籍志上講得明白，它說：「永嘉已后，玄風既扇……降及江東，不勝其弊。宋、齊之世，不逮梁初。……梁簡文之在東宮，亦好篇什，清辭巧製，止乎衽席之間，雕琢蔓藻，思極閨闈之內。後生好事，遞相效習，朝野紛紛，號爲宮體。」深究簡文帝的典型代表作，如「詠內人晝眠」，「孌童」④，實是色情的大膽暴露，徒用華麗絢爛的詞藻，掩飾他空虛墮落的心靈。這種作品雖然也講求技巧，畢竟是「巧而不要，隱而不深」。所以自江左以來，垂二百餘年，搦管寫志者少，操觚競文者多，大勢所趨，眞有江河日下之概！「宮體（色情）文學」，唯美是尙，只重文學外表上的形式技巧，而缺乏社會人生的意義與基礎。所以「文心雕龍」情采篇說：「體情之製日疎，逐文之篇愈盛，故有志深軒冕，而汎詠皐壤，心纏幾務，而虛述人外。眞宰弗存，翩其反矣！」通變篇引桓君山之言，也說：「予見新進麗文，美而無採，」定勢篇也說：「近代辭人，率好詭巧」，這種有感而發的沈痛之言，眞令人對之抆淚，徒喚奈何！

從文學反映現實的這個觀點來看，很顯然的，南朝頹廢腐朽的風氣，在刺激著劉勰從事「文心雕龍」的寫作，迫其不得不由社會功利主義出發，打出「宗經」的王牌，以矯正當世文壇「豔侈」的流弊。倡導「寫實的文學」，以端正作家無病呻吟的歪風。提倡文尚「自然」，使內容與形式作適當的配合。提出「創造的文學」，來矯正「文貴形似」的風氣。

試想，偏安的南朝，在士氣、文風各方面留下了許多亟待補救的問題，而劉勰著「文心雕龍」，能旁搜遠紹，獨標「矯訛翻淺，還宗經誥」，「斟酌質文，檃括雅俗」的旗幟，與時代潮流相抗爭，使中國文學的發展，不至於勢流不反，廻狂瀾於旣倒，作中流之砥柱，論功實不在禹下。至於唐、宋以後的作者如韓、柳、歐、曾、王、三蘇各家，能崇尙古道，有「文起八代之衰」的成就，誰又能否認，這不是受了文心雕龍理論的影響呢？

【附　注】

①幽（今屬河北省地）、幷（今屬山西省地）、司（今屬河南省洛陽一帶）、冀（今屬河北、

山西二省及河南黃河以北，遼寧遼河以西之地）、秦（今屬陝西、甘肅兩省）、雍（今屬陝西、甘肅及青海額濟納之地）。

②倉垣，在今河南開封縣西北，晉永嘉三年，詔將軍王堪等討石勒，勒至黎陽，堪退保倉垣。

③左思有詠史詩八首，張載有七哀詩二首（以上均見於昭明文選），陶潛，有陶淵明集在，讀者可以覆按。

④詠內人晝寢詩：「北窗聊就枕，南簷日未斜。攀鉤落綺障，插捩舉琵琶。夢笑開嬌靨，眠鬟壓落花。簟文生玉腕，香汗浸紅紗。夫婿恆相伴，莫誤是倡家。」又孌童詩：「孌童嬌麗質，踐董復超瑕。羽帳晨香滿，珠簾夕漏賒。翠被含鴛色，雕牀鏤象牙。妙年同小史，姝貌比朝霞。袖裁連璧錦，牋織細橦花。攬袴輕紅出，廻頭雙鬢斜。嬾眼時含笑，玉手乍攀花。懷猜非後鈞，密愛似前車。足使燕姬妬，彌令鄭女嗟。」（以上二詩均見徐陵玉臺新詠）

四　「文心雕龍」成書的年代

劉勰著「文心雕龍」，自己不言成書的年代，清朝顧廣圻校本序，四庫全書總目提要，紀昀文心雕龍評，都根據時序篇文，認定「文心雕龍」成書於齊代，今題曰梁，蓋後人追記；猶玉臺新詠成於梁，而今本題陳徐陵的情形一樣。直到清朝劉毓崧著讀文心雕龍書後①，始根據考訂，謂此書不但成於齊代，而且必成於南齊之末，甚而就在齊和帝中興元年（西元五〇一）十二月丙寅，東昏侯被殺以後，二年（五〇二）三月丙辰，和帝禪位於梁武以前。不僅如此，就連劉勰「負書干約」，也必定是在此不滿四個月以內的事。

劉氏所持的理由是：「觀於時序篇云：『曁皇齊馭寶，運集休明。太祖以聖武膺錄，世祖以睿文纂業，文帝以貳離含章，高宗以上哲興運；並文明自天，緝熙景祚。今聖歷方興，文思光被』云云。此篇所述，自唐、虞以至劉宋，皆但舉其代名，而特於齊上加一「皇」字，其證一也，魏、晉之主，稱謚號而不稱廟號，至齊之四主，惟文帝以身後追尊，止稱為帝，餘並稱祖、稱宗，其證二也。歷代君臣之文，有褒有貶，獨於齊竭力頌美，絕無規過之詞，其證三也。」以這三個證據為基礎，他推得東昏上高帝的廟號，係永泰元年（四九八）八月事。據「高宗興運」之語，則成書必在是月以後；齊和帝之禪位，係中興二年（五〇二）四月事（案和帝禪位於梁武，在二年（五〇二）三月丙辰），據「皇齊馭寶」之語，則成書必在是月以前。

民國初年范文瀾先生注「文心」，又根據劉氏的說法，與序志篇「齒在踰立，嘗夜夢執丹漆之禮器。隨仲尼而南行。旦而寤，迺怡然而喜，大哉！聖人之難見也，乃小子之垂夢歟！…於是搦筆和墨，乃始論文」的話相結合，更進一步臆測劉勰當「文心」成書時的大概年齡。他說：「假設永明五、六年（四八七～四八八），彥和年二十三、四歲，始來居定林寺，佐僧祐搜羅典籍，校定經藏。永明十年（四九二）彥和未及三十，正居定林寺定經藏時也。假定彥和自探研釋典，以至校定經藏，撰成三藏記等書，費時十年，至齊明帝建武三、四年（四九六～四九七），諸功已畢，乃感夢而撰文心雕龍時，約三十三、四歲，正與序志篇齒在踰立之文合。文心體大思精，必非倉卒而成，締構草稿，殺青寫定，如用三、四年之功，則成書適在和帝之世，沈約貴盛時也。」②所以後來楊明照先生撰梁書劉勰傳箋注，雖有若干修正，但大體還是遵循劉、范二家的成說，沒有根本上的差異。

近來，有人談及「文心雕龍」成書年代，以爲「按照時序篇全文的結構過脈，到『文變染乎世情，興廢繫乎時序，原始以要終，雖百世可知也』，文義已足，末兩段『宋武愛文』與『皇齊馭寶』，皆淺人妄增，清朝劉毓崧根據後世妄增的文字，推文心成書的年代，是不足採信的。」同時又說：「尤其『皇齊馭寶』一段，僅敍述一朝四帝的史實，對當代作品的優劣，概所不談，大悖他彌綸羣言的一貫態度。」乍聽之下，此說頗能言之成理；但如細加揣摩，假使這個解釋爲眞，則「文心雕龍」的傳本、校本，今天我們能看到的很多，不會說沒有絲毫的消息。當然像唐鈔，宋槧，目前固不得睹其全貌，而元至正乙未（西元一三五五）嘉禾本，已於民國七十三年（西元一九八四）九月上海古籍出版社，據上海圖書館藏元刊本覆刊問世。近人王利器先生的文心雕龍新書，楊明照先生的文心雕龍校注拾遺都以之作爲主要的對校本之一。他們在校勘時序篇時，並不曾記述有「淺人妄增」的字樣。再說我們在臺灣所看到最早的板本，莫過於明弘治甲子（一五〇四）吳門楊鳳繕本，現藏外雙溪故宮博物院，經本人親自檢核，時序篇文的內容也和今本毫無二致。王惟儉可說是最早校勘「文心雕龍」的學者，在明朝萬曆乙酉（一六〇九），他寫了本文心雕龍訓故，現在分別收藏於中共北京圖書館，及日本京都大學文學部，王利器先生文心雕龍新書第百七十頁，至百七十七頁，曾附錄該書全部的校勘記，其卷九時序篇也不疑有他。再退一步想，清朝是我國考證學的全盛時代，「文心雕龍」之所以能引起後世學術界的注意，可以說是清儒黃叔琳、紀曉嵐注疏、評騭之功。以他們治學態度的謹嚴，參綜博考，固然也有百密一疏的可能；但是逢到所謂「淺人妄增」的贗品，以他們的識見，是不會視而不見的。

劉勰在時序篇裏自己也說：「鴻風懿采，短筆敢陳，颺言讚時，請寄明哲」。他對歷代君臣之文，都有褒有貶，獨於齊則竭力頌美，絕無規過之詞，其原因正如紀曉嵐說的：「闕當代而不言，非惟未經論定，實亦有所避於恩怨之間。」③這是極容易解釋，極合邏輯的道理。同時，這也正是紀曉嵐、顧廣圻、劉毓崧輩，據此以言「文心雕龍」成書年代的重要憑藉。所以我們決不可因劉勰在此段行文上有迥異尋常的態度，便連帶對文章本身也起了懷疑。又因爲想自圓其說，就輕率的拿「淺人妄增」來堅守立場，果眞如此，那就有點「將以立論，未見論立」④了。

綜觀上述，我們可以歸納成以下的結論，即劉勰「文心雕龍」成書於南齊之末，和帝中興元、二年（五〇一～五〇二）之間，劉勰三十歲以後，對佛教尚未堅深信仰以前。最近，拜讀潘師重規六十五（一九七六）年五月七日的演講，後經轉載於創新周刊第一八九期，題爲「劉彥和撰寫文心雕龍問題的新探測」，文中對「文心雕龍」的成書年代，曾作了中肯的說明，他說：「歷來對劉勰之生平事蹟作過最大貢獻者爲劉毓崧。其『書文心雕龍後』一文（載劉氏通誼堂文集卷十四），據文心本書及相關資料考定文心成於『南齊之末』，最晚不會遲過齊和帝中興二年（五〇二），蓋和帝於同年三月、禪位於梁武，是爲天監元年（五〇二）。言文心之成於齊時者，早於劉氏的，雖已有紀昀、顧廣圻諸人，然語焉不詳，確定者則爲劉氏。因劉氏此說，致使今日研究劉勰生平，方有一立足點。文心一書創於劉勰三十歲以後（序志篇云：『齒在踰立』），而書成時爲南齊之末，著書總需幾年，故書成時，彥和當爲三十餘歲，此乃絕對可靠之說。」由潘師的說明，更增加了我們在前面，推定「文心雕龍」成書年代的可靠性⑤。

【附　注】

①見劉毓崧著通誼堂文集。

②見范文瀾文心雕龍注序志篇注㈥。

③見紀昀文心雕龍評時序篇評。

④見文心雕龍總術篇，劉勰評顏延年語。

⑤研究文心雕龍成書年代的，大抵可分兩派：一派認爲「文心」始撰於齊而成於梁初。其說蓋折衷於「書成齊末」論者，與「書成梁代」論者之間，而傾向於後者。如施助、廣信（見民國六十年，西元一九七九「文學評論叢刊」第三輯「文心雕龍成書年代探討」一文）、葉晨暉（見民國六十六，西元一九七九「山西大學學報」第三期「文心龍雕成書年代問題」一文）。一派認爲成書於齊末，可以清代的劉毓崧「文心雕龍書後」一文爲代表。其他如李詳、范文瀾、楊明照、郭紹虞、潘重規、王更生等均同意此說。

五　「文心雕龍」的內容組織

「文心雕龍」全書十卷五十篇，每卷五篇。」前二十五篇劉勰稱之爲「上篇」，後二十五篇爲「下篇」。每篇都用二字作標題，文長由五百餘字到一千八百餘字不等，全書共三萬七千多字。

根據「文心雕龍」序志篇，劉勰曾說明自己著書的緣起和內容旨趣，以及寫作的態度。關於內容方面：卷一五篇原道、徵聖、宗經、正緯、辨騷，可以說是劉勰在申明自己的「文學思想」。卷二到卷五，二十篇，可以說是劉勰的「文體論」①，這二十篇又可分爲兩部分：前一部分，包括明詩、樂府、詮賦、頌讚、祝盟、銘箴、誄碑、哀弔、雜文、諧讔等十篇，屬於有韵的「文」；後一部分，包括史傳、諸子、論說、詔策、檄移、封禪、章表、奏啟、議對、書記等十篇，講的是無韵的「筆」。雖然劉勰採取了當時流行的「文」「筆」兩分的文體分類法，但這二十篇的基本架構，卻是放在他自己安排的四大綱領上。這四大綱領就是「原始以表末，釋名以章義，選文以定篇，敷理以舉統」。所謂「原始以表末」者，論敍此一文體的源流與變遷。「釋名以章義」者，論敍此一文體命名的涵義和由來。「選文以定篇」者，開示此一文體的代表作家和作品。「敷理以舉統」者，說明此一文體的基本作法和特徵。惟此四大綱領的先後次第，也不完全畫一；如「原始以表末」與「選文以定篇」，往往因行文之便，混而不分，蓋寓選文於表末之中也。又「釋名以章義」與「原始以表末」，也時常有前後顚倒的情形。至於「敷理以舉統」，一定是放在全篇之末而固定不易。是皆有變有不變，要在學者識其大體。

綜觀「文心雕龍」文體論，涵蓋的範圍相當廣泛，例如：論敘文體的源流和變遷，等於是今天按文體分類的一部中國文學史。開示某一文體的代表作家和作品，其中既臧否人物，又批評文章②，等於是劉勰的比較文學論，和本書時序、物色、才略、知音、程器五篇，有同工異曲之妙。至於說明某一文體的作法和特徵，更是各體文章分體創作法則的示範，較之文術論二十篇尤加具體。

劉勰的文體分類，並不是獨創發明，多半還是根據前人或當時流行的總集、別集中已有的類目，略加統整而成。如：魏文帝曹丕作典論，將當世文體精分為奏議、書論、銘誄、詩賦等四科八類③。西晉陸機文賦，論各類文體的特質時，分文體為詩、賦、碑、誄、銘、箴、頌、論、奏、說等十類④，較之魏文帝典論又多出兩類。摯虞文章流別論，根據嚴可均全晉文，知其似乎分文體為頌、賦、詩、七、箴、銘、誄、哀辭、解嘲、碑、圖讖等十一類；隋志說他「各為條貫而論之，謂文章流別」，可見這是專門討論文體分類的一部要籍，只可惜散佚不全了。

到了齊、梁，文體論邁入全盛時期，應運而生的「文心雕龍」，幾乎佔用了全書二分之一的篇幅，來討論文體分類以及與這方面相同的問題。粗計大數，凡二十體一百六、七十類之多，這種「體大慮周」的組織，盱衡劉略、班志、魏典、陸賦、摯虞流別、李充翰林，任何一家所談的文體都趕不上他。所以我們現在想清楚地了解中古以前文體分類的眞象；老實說，還祇有靠劉勰給我們留下的這份文化遺產，否則，我們便無從來禮讚這大漢文學的奇葩了！⑤

下篇二十四篇，也可以分成兩截去看，由卷六到卷九是他的文術論。其中卷九的「總術」篇，是系聯「文體論」和「文術論」二者之間的橋樑。根據前人的考訂，卷九的時序篇，與卷十的物色篇，是刻書時誤倒，所以物色篇應改歸文術論，時序篇和才略篇相接，屬批評論，才是正本清源⑥；我覺得這個說法，雖能自圓，但從各種板本的迹象上去觀察，是不容我們輕信的。文術論十九篇，按照各篇的內容性質，可以分爲三組，有剖情的，有析采的，更有剖情而兼析采的。如屬於剖情的部分，有神思、體性、風骨、定勢、通變等，因爲這五篇的內容，講的都屬文章創作的大綱巨目，換言之，指的都是原則部分，從根本方面立說，完全不具體，所以又可稱之爲「通論」。屬於析采的部分，有情采、鎔裁、聲律、章句、麗辭、比興、夸飾、事類、練字、隱秀、附會、等十一篇：有的是講內容與形式的配合和鎔裁，有的在講字、句、章、篇的結構，有的是講行文措辭的修飾，有的講資料的儲備、選取和運用，有的在講行文的含蓄與警策，每篇所講的問題都屬文學創作上的細節，十分具體。因此，可稱之爲「細目」。至於指瑕、養氣、總術等三篇，指瑕，在明指創作的瑕疵。可說是消極性的創作方法。養氣篇爲神思篇的餘義，而補其持論的不足。總術篇總論文學創作要體用兼備，文而有術，可說是系聯「文術論」十九篇和「文體論」二十篇的前言。統觀以上三組的含意，仍然是循着內容和形式兩方面去發展。諸如他認爲培養想像力的四要件，「積學以儲寶，酌理以富才，研閱以窮照，馴致以繹辭」⑦，是「馭文之首術，謀篇之大端」；如果忽視了它，卽如無源之水，無根之木，縱使「勞情」「苦慮」，也不能寫出甚麼好的作品。其次，言想像及思考在文學創作上的功能，以爲「寂然凝慮，思接千載；悄然動容，視通萬里」，「登山則情滿於山，觀海則意溢於海；我才之多少，將與風雲而並驅矣」⑧，將自然的景觀和作家的意象交互融會，達到了主觀和客觀統一的境界。最後，他又開出了兩帖「饋貧」「拯亂」的藥方，眞可以說是言近旨遠。

至於文學創作中的形式問題，他由文法而修辭，而氣勢，而音律，而風格，而結構。涉及的相當廣泛。單以其中修辭一項來說，又可分爲比興的表現手法，夸張的寫作技巧，感情的精煉與含蓄，文章的裁辭和鎔意而言，他除了說明鎔意、裁辭的重要性以外，首先提出鎔意的三個準則：一「設情以位體」，二「酌事以取類」，三「撮辭以舉要」⑨。「設情以位體」，就是「提出中心思想，作爲寫作本文的基礎」。「酌事以取類」，就是「根據本文的中心思想，去搜集資料」。「撮辭以舉要」，就是「運用適當的文辭，來表達中心思想」⑩。接着他又從修辭的角度，探討文章繁簡的問題，以爲「善刪者，字去而意留；善敷者，辭殊而意顯。字刪而意闕，則短乏而非覈；辭敷而言重，則蕪穢而非贍。」⑪類似這些獨照之見，卽令在今天的實際創作中，還有他嶄新的價值。所以劉勰的文術論，是堪資注意的。

卷九的末篇和卷十的前四篇，是劉勰的文評論。所謂：「崇替於時序，褒貶於才略，怊悵於知音，耿介於程器⑫」。時序篇論文學與時代潮流的關係，才略篇論文學與作者才識的關係，知音篇論文學與讀者鑑賞的關係。程器篇論文學與道德修養的關係。我們看這四篇所涉及的範圍，就知道「文心雕龍」批評論，具有全面性和獨創性。例爲他考慮到文學批評的因素，由時代背景而作家的才識，而讀者的鑑賞，而道德的修爲，這四個因素雖不能說是完美無瑕，但相當具有全面性。又衡之劉勰以前，論文章優劣者不是沒有，但大多是支離破碎，缺乏完整而有系統的理論，而劉勰能會最今古，提出具體而有系統的客觀因素，這又不能說不是他的獨創發明。

另外序志篇，記載劉勰對已往文學理論的批評說：「詳觀近代論文者多矣：至於魏文述典，陳思序書，應瑒文論，陸機文賦，仲治流別，宏範翰林，各照隅隙，鮮觀衢路。或臧否當時之才，或銓品前修之文，或汎舉雅俗之旨，或撮題篇章之意。魏典密而不周，陳書辯而無當，應論華而疏略，陸賦巧而碎亂，流別精而少功，翰林淺而寡要。又君山、公幹之徒，吉甫、士龍之輩，汎議文意，往往間出。並未能振葉以尋根，觀瀾而索源，不述先哲之誥，無益後生之慮。」可見魏、晉六朝文論的盛況，以及劉勰深致不滿的情緒。並從而獲悉「文心雕龍」的文學批評理論，是周密辯當，深入淺出，振葉尋根，觀瀾索源，祖述先哲的典誥，有益後生思慮了。

有人嘗說：「劉勰文心雕龍的批評理論，均集中發表於指瑕、才略、知音、程器等篇中」，又說：「指瑕是批評作品，才略和程器是批評作家，知音則是闡述批評原理⑬」。事實上，如體性、定勢、通變、聲律、鎔裁、事類、麗辭、物色、時序，以及文體論二十篇，無一不涉及文學批評。所以「文心雕龍」的文學批評，是牽一髮而動全身的。

全書五十篇，大體上是經過縝密的設計和組織的，篇和篇間的連繫照應，除了隱秀篇部分散佚以外，其他各篇，根據近人范文瀾先生的研究，都架構綿密，無懈可擊⑭序志篇殿於全書之末，亦如史記、潛夫論、漢書、論衡等書的寫作方式一樣，是本書的總序。序中對「文心雕龍」的命名，著述「文心雕龍」的動機，以及「文心雕龍」的組織體系，和論文的困難，寫作的態度，對讀者的期望，都作了適當的說明。我們透過本篇，可以對「文心雕龍」有初步的理解，所以劉勰說：「長懷序志，以馭羣篇」，它是作者給我們讀「文心雕龍」的管鑰；沒有它，我們面對全書的精言妙論，幾乎是一片迷惘，失去了研讀的憑藉。

以下按照前面已經董理歸納的結果，就五十篇內容之所述，列一簡表，以見「文心雕龍」宏偉的結構。

【附　注】

①「文類論」與「文體論」以向不分，民國五十四年十月徐復觀先生出版「中國文學論集」，書中首篇，卽爲「文心雕龍的文體論」。以後他又寫了「文心雕龍淺論」七個短篇，其中第四篇爲「文體的構成與實現」，對「文體」與「文類」之區別，曾作過明確的辨析。惟我國古來只有「文體」之名，無「文類」之名，本於以古論古，以今論今之義，此處仍以「文體」爲說。

②張嚴教授文心雕龍通識，文心雕龍五十篇指歸云：「彥和論文，側重人物品鑑。故五十篇非徒論文，亦兼論其人。」（原載大陸雜誌第二十九卷九期）。

③曹丕典論論文云：「蓋奏議宜雅，書論宜理，銘誄尙實，詩賦欲麗，此四科不同，故能之者偏也，」其分文體爲四科八類。

④陸機文賦云：「詩緣情而綺靡，賦體物而瀏亮。碑披文以相質，誄纏綿而悽愴。銘博約而溫

附：文心雕龍內容結構圖

- 第一類——緒論——序志篇（長懷序志、以馭羣篇）
- 第二類——文原論
  - 原道篇
  - 徵聖篇
  - 宗經篇
  - 正緯篇
  - 辨騷篇
  - （文心之作也，本乎道，師乎聖，體乎經，酌乎緯，變乎騷，文之樞紐，亦云極矣。）
- 第三類——文體論
  - 文（有韻）
    - 明詩篇、樂府篇
    - 詮賦篇、頌讚篇
    - 祝盟篇、銘箴篇
    - 誄碑篇、哀弔篇
    - 雜文篇、諧讔篇
  - 筆（無韻）
    - 史傳篇、諸子篇
    - 論說篇、詔策篇
    - 檄移篇、封禪篇
    - 章表篇、奏啟篇
    - 議對篇、書記篇
  - 原始以表末、釋名以章義——論文敘筆
  - 選文以定篇、敷理以舉統——囿別區分
- 圖鑒區域　大判條例——總術——控引情源　制勝文苑

上篇以上，綱領明矣。

- 第四類——文術論
  - 通論——原則部分
    - 神思篇——論想像力的培養
    - 體性篇——論作品的風格
    - 風骨篇——論作品的感染力
    - 通變篇——論文學的通古變今
    - 定勢篇——論文學創作的語態
  - 細目——細節部分
    - 情采篇、鎔裁篇——論內容與形式的配合
    - 練字篇、章句篇、附會篇——論作品的結構布局
    - 事類篇——論材料的儲備、選取與運用
    - 麗辭篇、比興篇 / 夸飾篇、隱秀篇——論作品的修辭技巧
  - 餘義——餘義部分
    - 指瑕篇——論文學創作易犯的瑕疵
    - 養氣篇——神思篇陶鈞文思的餘義
- 第五類——文評論
  - 時序篇：論文學與時代潮流之關係
  - 物色篇：論文學與自然環境之關係
  - 才略篇：論文學與才能識略之關係
  - 知音篇：論文學與讀者鑑賞之關係
  - 程器篇：論文學與道德修養之關係

下篇以下，毛目顯矣。

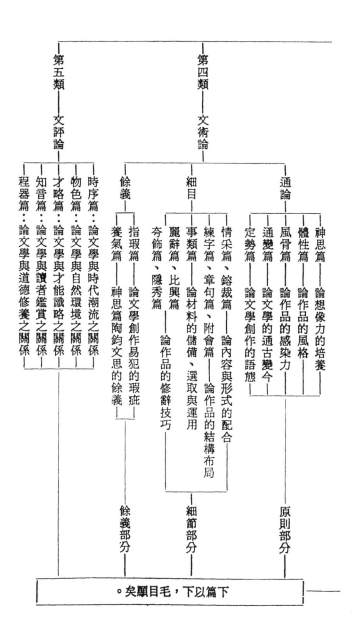

潤，箴頓挫而清壯。頌優游以彬蔚，論精微而朗暢。奏平徹以閑雅，說煒曄而譎誑。雖區分之在茲，亦禁邪而制放。要辭達而理舉，故無取乎冗長。」其分文體爲十類。

⑤參閱王更生著的文心雕龍研究第九章文心雕龍文體論。

⑥物色篇之是否應歸文術論，其理由請參考本書二、「文心雕龍是本怎樣的書」注④。

⑦見文心雕龍神思篇。

⑧同注④。

⑨見文心雕龍鎔裁篇。

⑩此處說法，係採郭晉稀先生文心雕龍譯註十八篇上的解釋，見原書鎔裁篇注釋②。

⑪見文心雕龍鎔裁篇。

⑫見文心雕龍序志篇。

⑬見佩之文心雕龍的批評論（原載於香港津文出版社印行之中國文學批評論文輯）。

⑭見范氏文心雕龍注原道篇注②云：「文心篇凡二十五篇，排比至有倫序。」又神思篇注①云：「文心上篇剖析文體，爲辨章篇製之論。下篇商榷文術，爲提挈綱領之言。上篇分區別囿，恢宏而明約。下篇探幽索隱，精微而暢朗。茲將下篇二十篇，列表於次，可以知其組織之綿密。」

六　「文心雕龍」的重要板本

研讀「文心雕龍」，首當重視文字的校勘。而文字的校勘，又必以古本爲依據。「文心雕龍」傳世一千四百七十年來，唐寫僅留殘卷，宋本幾無一存①。元朝至正乙未（西元一三五五）本，雖原璧無瑕，獨留人間；因爲過去身陷大陸上海圖書館，可望而不可及②，但現在幸運的是，中共學者王元化先生，已根據原藏覆刊，並線裝問世。明刻以弘治甲子（西元一五〇四）吳門楊鳳繕本最早，現藏臺灣臺北外雙溪故宮博物院。其他都是覆刊舊刻，無可稱述。宋朝辛處信首注「文心雕龍」，曾遭水火兵燹之劫，迄今史留空目，不見成書③。明王惟儉，著文心雕龍訓故。以後又有楊升菴批點，梅慶生音注，此三家可說篳路藍縷，以闢蹊徑，不僅是彥和劉氏的功臣，更爲研讀「文心雕龍」者開示新境界。清朝黃叔琳更以梅、楊二子的疏通證明爲基礎，承往賢的緒業，益友朋的切磋，在雍正九年（西元一七三一）成文心雕龍輯注。乾隆三十八年（西元一七七三），紀昀曉嵐著文心雕龍評。當時黃注、紀評，各自單行，直至道光十三年（西元一八三三），盧坤出任兩廣節署後，命嘉應吳蘭修合黃注、紀評爲一編，於是始有翰墨園藏板之目。茲將上列「文心雕龍」的各種善本，而居今可見者，就其板式、刊刻時間、庋藏處所、發售書局，及其實用價值，詳加說明，俾讀者參考。

唐寫本文心雕龍殘卷：

按唐人草書文心雕龍殘卷，現在藏於倫敦大英博物館東方圖書室。斯坦因編目五四七八號，葛禮斯新編列號七二八三。原本蝴蝶裝小册子，共二十二頁，四界烏絲欄，每半頁十行或十一行，行二十二、二十四字不等。起原道篇贊、「龜書呈貌。天文斯觀，民胥以傚。」訖諧讔第十五篇題。明詩第六前題「卷第二」，銘箴第十一前題「卷第三」，蓋五篇爲一卷，全書五十篇，分爲十卷，適與隋書經籍志著錄的十卷之數相合。徵聖篇題下有「大」字十二，第十六頁正面第二行「卷第三」，及第三行「銘箴第十一」二題下，書有「大寶積經」、「大寶積佛」等二十二字。欄外草書「言」字七個，細審筆跡，好像是學僮信筆塗鴉，故字體特劣。第一頁反面第八行欄下注「將」字，第四頁反面第一、第二行上欄注「東序」二字，第十三頁正面上欄注「淺」字，第十七頁反面末行上欄注「賤」字，第十八頁反面欄上欄下，及第十九頁第八行欄下均注「烈」字。可能因爲讀者以章草難辨，偶加箋注，以求明順。又第五頁正面欄下注「嚼，靖也」、「緇，黑色」、「涅，水中黑」，也許是讀者偶釋正文字義的時候加上的。又第四頁正面第四行「經顯聖訓」，「訓」原書作「教」，復改作「訓」。第二十一頁正面第五行「故悼加乎膚色」，「乎」字原脫，另加於當句之旁。全卷的「淵」作「𣶒」，「世」字均作「卋」，「民」作「𠃝」，大概是因爲避唐初諸帝諱的關係。唐寫本文心雕龍殘卷，自經發現後，用它和俗本「文心雕龍」相勘校的頗不乏人：先後計有日人鈴木虎雄、國人趙萬里、楊明照、饒宗頤、潘重規五位。鈴木首開風氣，而潘先生成就最大。往年潘先生曾訪書英倫，攝得原卷影片，中無脫漏，因複印出版，成唐寫本文心雕龍殘本合校，對「文心雕龍」本書的校勘，貢獻殊多。書由臺灣文史哲出版社代售。

元至正乙未嘉禾本文心雕龍

此本卷首載錢惟善「文心雕龍序」，序題下方有「安樂堂藏書記」和「明善堂覽書畫印記」，根據「藏書紀事詩」卷四，一百九十三頁的記載，說「安樂堂印」「明善堂印」皆清代怡親王藏書的印記。知此書曾被怡親王收藏。其次爲「文心雕龍目錄」下方書「徐乃昌讀」篆文方印一顆。正文每半頁十行，行二十字。這個本子不僅是許多明刊本的祖本，根據明錢允治跋，明馮舒跋、清何焯跋，知錢允治曾從阮華山得宋本，鈔補隱秀一篇，始得成爲完書，當時錢氏已七十四歲。所以元至正乙未嘉禾本，實與宋本無異。居今宋本已不可見，而此至正嘉禾本，便成爲稀世奇珍了。民國以來，研究文心雕龍的學者如范文瀾、楊明照、王利器等，都說沒有見過這個刻本。此書於「隱秀篇」中間脫四百字，「序志篇」在「則嘗夜夢執丹漆之禮器」的「夢」字以下，至「觀瀾而索源」，中間脫三百二十二字。其他由於當時的明版和印刷技術的拙劣，文字的或缺或脫，板面的傾斜，甚或模糊不清者，亦所在多有。因此，我們也不能因爲它是現存最早的刻本，就忽略了其中許多缺點，這是我們從事校勘時，必須細心求證的。書爲上海古籍出版社於民國七十三年（一九八四）十月印行。

明弘治甲子吳門本文心雕龍

說到楊鳳繕寫的吳門本「文心雕龍」，便想起了日人神田喜一郎博士。民國四十五年（西元一九五六），香港饒宗頤教授著唐寫本文心雕龍景本序，曾云：「弘治甲子馮允中吳中刊本，友人神田喜一郎博士藏有此書。」又說：「卷末有吳人楊鳳繕寫一行，天祿琳琅書目著錄誤以爲元版。」似此，則唐寫殘卷以後，最重要的明弘治吳中刊本，今天尚幸存於日人神田君之手。六十二年（西元一九七三）九月，謁黃師錦鋐，同年十二月復向李師曰剛請益，談到明弘治甲子馮允中吳中刊本時，李、黃二師均以爲臺北外雙溪國立故宮博物院藏有此刻。查故宮民國五十七年（西元一九六八）出版的善本書目，著錄明刊本「文心雕龍」二册，當卽以電話向好友吳哲夫先生請教，繼而又親赴故宮借閱。始知此刻原爲昭仁殿舊藏，半頁十行，行二十字。書首目錄頁印鑑多達二十顆，例如「長洲吳氏」、「吳興趙氏」、「謙牧堂藏書記」、「謙牧堂」、「天祿琳琅」、「天祿繼鑑」，更在首頁上方，護書空白處，蓋有「五福五代堂寶」、「太白皇帝之寶」。從其藏書印鑑之多看來，足證本書所受的重視。十卷之末，刻有「吳人楊鳳繕寫」字樣。拿它和饒宗頤教授所附的影本相驗，筆者可以斷言，與神田君的藏本纖毫不差。而神田君原以爲唐寫以後，莫此最古的世界惟一孤本④，想不到就有同樣版式的另一本，安全的存放在臺北故宮。這個本子，雖不是「文心雕龍」最早的板本；但確也是最好的板本。足與元至正乙未（西元一三五五）嘉禾本相伯仲。書前附有都穆進士和監察御史馮允中兩人的序，他們對雕版經過有較詳盡的說明。

明萬曆己卯（西元一五七九）張之象本文心雕龍

這個本子，是雲間張之象，客居梁溪的時候，見友人秦汝立家藏本文心雕龍甚佳，遂請歸研究；並在萬曆七年春三月初旬鋟版，所以歷來藏書家管它叫「張之象本」。書前有張之象序，每半頁十行，行十九字，白文無注。每篇相次，分卷則別起。每卷之末列有校訂人姓名。如卷一是「山人陸瑞家校」，卷二是「太學生程一枝校」，卷三是「鄉貢士諸純臣校」，卷四是「鄉貢士陸光宅校」，卷五是「鄉貢士張雲門校」，卷六是「郡庠生董開大校」，卷七是「鄉貢士楊繼美校」，卷八是「山人蔡懋孫校」，卷九是「山人沈荆石校」，卷十是「太學生錢日省校」，書中誤字、俗體字特別多，其中常見的如「商」作「啇」，「派」作「泒」，「蟲」作「虫」作「䖝」，「雙」作「雙」、「虯龍」作「虬龍」、「器」作「噐」，「沿」作「㳂」。王利器文心雕龍新書序錄說：「此書原版藏於北京大學」；其實，臺灣商務印書館四部叢刊初編縮本，所景印的涵芬樓明刊本，就是張之象本「文心雕龍」。因爲書前闕少了張之象的序，致令今人張立齋教授誤爲「嘉靖本」⑤。王利器新書序錄上，早經確認「涵芬樓四部叢刊景印的嘉靖本，就是張之象本。」張本刻於萬曆七年（西元一五七九），和余誨嘉靖癸卯本（西元一五四三），汪一元嘉靖庚子本（西元一五四〇），中間相差三十多年，更何況雙方版式各具特色，有斷然不容相混的地方。這是留心「文心雕龍」板本的讀者，萬不可忽略的。

明萬曆辛亥（西元一六一一）王惟儉訓故本文心雕龍

王惟儉字損仲，河南祥符人，萬曆四十三年（西元一五九五）進士。任南京工部右侍郎，嗜力經史百家，作「雕龍」、「史通」二書訓故。而於劉勰書獨多發明。可惜的是本書在有明一代，絕少流傳，故公私史、志，都沒有存目。清初王士禎帶經堂全集卷九一第十二頁下文心雕龍跋說：「黃山谷云：『論文則文心雕龍，評史則史通，二書不可不觀』，明王侍郎損仲作雕龍、史通二書訓故，以此二訓故，援據甚博，實二劉之功臣，余訪求二十餘年始得之，子孫輩所當愛惜。」試想以王漁洋所處的時間，去損仲不遠，他還化費了二十多年的時光才訪得此書，可見其傳本的稀少了。今人王利器在新書序錄上說，他在中國大陸北京圖書館，曾親見王氏訓故本的原刻。並在新書的附錄上，將王惟儉的訓故序，和訓故本的內容全部轉錄了出來，這眞是從事校勘文心雕龍者的福音。另外筆者在日本京都大學漢文圖書目錄裏，查得在日本京都也藏有王氏訓故的原刻本，並請學生張勝凱先生於數年前赴日本京都之便，曾依原刻影印，並將之携回。方知此本是在明萬曆辛亥，即三十九年(西元一六一一)自刻行世，而書前自序，卻完成於萬曆己酉（西元一六〇九）。以之與黃叔琳輯注本對校，知黃注有很多地方，是從這本書裏轉抄的。王惟儉訓故序自謂：「爰因誦校，頗事箋釋；庶暢厥旨，用啟童蒙。」所以這是一個研讀文心雕龍入門的初階，不可忽略的本子。

明楊升菴先生批點梅慶生音註本文心雕龍

較王惟儉訓故本稍晚，而流傳頗廣的一個評註本，就是明萬曆四十年(西元一六一二)豫章梅氏刊刻的，楊升菴先生批點，梅慶生音註本的文心雕龍十卷。這部書卷首和封底所附的序跋，共計有曹學佺文心雕龍序、顧起元序、馮允中文心雕龍序、新安石巖方元禎的文心雕龍序，建安西橋程寬文心雕龍序，臨橋葉聯芳的文心雕龍序，樂應煃文心雕龍序，古歙佘誨文心雕龍序，楊升菴與禺山公書，文心雕龍讐校姓氏，音註讐校姓氏，與李本寧先生書，曹能始先生書，吳人都穆跋，朱謀㙔跋，及校刻楊升菴先生批點文心雕龍音註凡例。光看這一系列的文獻，就不難了解當時刊刻人的抱負。顧起元說：「豫章梅子庾既擷東莞之華，復賞博南之鑑，手自校讐，博稽精考，補遺刊衍，汰彼叡訛。至篇中曠引之事，畢用疏明，旁采之文，咸爲昭晳。使敦閱研味者，不滯子才之思，翫索鉤校者，直撮孝標之勝，若子庾者，微獨爲劉氏之功臣，抑可稱楊公之益友矣。」曹學佺的序也說：「予友梅子庾從事於斯，音註十五，而校正十七，差可讀矣。」書中所列文心雕龍讐校姓氏十位，音註讐校姓氏二十一位，這種宏偉的氣象，眞可以說是兼採眾家，空前未有了。此書首頁下方有「澤存書庫」，「龍山藝廬藏書之章」、「古莘陳氏子子孫孫永寶用」，篆文方印三顆。書分上下二册，現藏臺北國立中央圖書館。

清道光十三年（西元一八三三）兩廣節署本文心雕龍十卷

清朝黃叔琳因舊本流傳既久，音註多譌，於是他就以梅氏音註作基礎，旁搜遠紹，加以友朋的切磋，兼用眾本相比勘，於雍正九年（西元一七三一）書成後，又一校於吳趨文學顧尊光進。再校於錢塘孝廉金雨叔甡。乾隆三年（西元一七三八），又與陳祖范論定之。同年交由雲間姚平山鳩工鐫版，中間由於良工難覓，一拖再拖，延遲到乾隆六年（西元一七四一）才正式梓行可觀。這就是黃叔琳輯注本文心雕龍原來刊刻的經過。按照黃叔琳自書的凡例，知道這本書至少有以下三個特色：一、是將異同難寫的字句，擇其義之較長者，注於本句的下面。二、是隱秀篇文脫落很多，現已依照何義門校正本鈔補。三、是援用王惟儉訓故本，重加考訂，增注十之六、七。這樣看來，黃氏輯注實在是值得參考的上等好書。不過稍後的紀曉嵐先生，以爲「此書校本實出先生，其注及評，則先生客某甲所爲。先生時爲山東布政使，案牘紛繁，未暇遍閱，遂以付之姚平山，晚年悔之，已不可及矣。」可見紀氏對黃氏輯注並不滿意，於是在乾隆三十八年（西元一七七三）才有評校本的出現。當時黃注、紀評各自單行，不相系聯。到了道光十三年（西元一八三三），盧坤任職兩廣節署的時候，才令嘉應吳蘭修綜黃、紀二書爲一編，成兩廣節署本黃叔琳輯注紀昀評文心雕龍十卷。原刻爲邢贊廷氏收藏，在臺未見。後光緒十九年癸巳（西元一八九三），湖南思賢精舍有重刊本。民國十三年（西元一九二四），上海掃葉山房有石印本。底本雖皆出於黃注紀評，但字詞之間，頗有異同，蓋手民誤植之故。此刻黃注用墨字，紀評用朱字，書於眉端。每半頁十行，行二十一字，注附於當篇之末，較正文低一格。各篇自爲起訖，不相聯屬。原刻現藏臺中私立東海大學圖書館。上海掃葉山房的石印本，現藏國立臺灣師範大學國文系圖書室。

【附　注】

①參閱王更生著文心雕龍研究，第四章文心雕龍板本考略，第二節單刻本十八篇。

②見王利器文心雕龍新書序錄，王更生文心雕龍研究第四章文心雕龍板本考略，第二節單刻本十八種。又作者最近乘赴港講學之便，搜得民國七十三年（西元一九八四）九月上海古籍出版社據上海圖書館元刊本覆刊的線裝文心雕龍一册，框高二三二毫米，寬一五六毫米。書裏首頁有王元化先生在民國七十三年（西元一九八四）九月的「前言」，說明本書覆刊經過及其特色。以下爲「元至正本文心雕龍目次」，「錢惟善文心雕龍序」，序末附有「霅川楊清之刊」細字一行另書，再爲「文心雕龍目錄」。每半頁十行，行二十字。

③辛注「文心雕龍」之散佚，久成學術界的憾事。今觀「古典文學」第七卷王更生近著「王應麟和辛處信『文心雕龍』之關係」一文，王氏從王應麟「困學紀聞」引用「文心雕龍」時附加的「細注」中，以抽絲剝繭的方式，發現了疑似辛氏「文心雕龍注」的眞象，很可提供關心人士的參考。

④香港中文學會印行文心雕龍研究專號（西元一九五六），載饒宗頤教授著的唐寫本文心雕龍景本序云：「友人神田喜一郎博士，藏有其書，其邕盦藏書絕句謂：『至珍馮本同球璧，除却唐鈔孰能科』，允爲唐鈔以後最重要之本子。」

⑤見張立齋教授著的文心雕龍考異序（正中書局六十三年十一月出版）。

七　「文心雕龍」的行文之美

「文心雕龍」既是中國系統完備的文論寶典，也是劉勰運用高度的藝術技巧，寫成的一部文學名著。他那驚人的才華，揮灑自如的辭采，正像李白筆下的廬山飛瀑，所謂：「日照香爐生紫烟，遙看瀑布挂前川。飛流直下三千尺，疑是銀河落九天。」令人不禁嘆爲觀止。

我國學者之談文章修辭，除陸機文賦以外，劉勰可說是開創風氣的先驅。他不但「標心萬古之上，送懷千載之下。」更公開了自己平生從事創作的經驗。因爲一般人講文章作法，總喜歡說「文成法立」「文無定法」，弄得人丈八金剛摸不着腦袋，然而劉勰不但是「鴛鴦繡了從教看」，且進一步的「更把金鍼渡與人」①。所以我嘗說諸子史傳的文章之美，是美而不言有法；文心雕龍的文章之美，是美而有法可循。

「文心雕龍」的藝術特徵，是建築在它本身所規範的條件上的。他講的文章之美，有視覺上的色彩美、有聽覺上的音樂美、有味覺上的材料美、有觸覺上的情意美；由於眾美輻輳，於是造成了劉勰行文的獨特藝術。這種藝術就像楚襄王夜夢神女的情形，所謂「其象無雙，其美無極」，「上古既無，世所未見」②。因此論他人作品的優美，固然困難，但還不至於無話可說；論文心雕龍的藝術特徵，因為它實在太美了，反而覺得有點兒落入言筌，不知從何說起之苦！雖然如此，本人仍顯冒螳臂當車的不韙，來略窺文心雕龍美文的一斑。

色彩之美：情辭並重，是劉勰的文學主張。在「文不滅質，博不溺心」的前提下，他也注意到了「言而無文，行之不遠」的事實。所以在文心雕龍全書五十篇裏，無論是字法、句法、章法以及結構布局，無一不是經過再三推敲，幾乎到了增一字則多餘，減一字則不足的地步。無論你讀其中任何一篇，只覺得它錦心繡口，無限綿密，無限蘊藉，令人有一種如飲醇醪，如對名花的美感。其所以如此，除了它俱有六朝駢儷的一般優點外，另在遣詞造句方面，更是有奇有偶，有長有短，有誇飾，有反詰，有以問答法破題，而接着平鋪直敍，有首尾圓合，而中間曲折盤桓，可說是高潮起伏，獨樹一格。尤其經過他刻意錘鍊後的文字，無論是自攄己見，或引文引說，無不光嶽氣完，視同文壇的瓌寶。如明詩篇：「妙識所難，其易也將至；忽以為易，其難也方來。」練字篇：

「善爲文者，富於萬篇，貧於一字；一字雖少，相避難也。」附會篇：「改章難於造篇，易字艱於代句。」程器篇：「摛文必在緯軍國，負重必在任棟梁。」這些朗麗鮮活的字眼，不僅擲地發金石之聲，就其深遠的意義來說，更如晨鐘暮鼓，引人遐思！

音樂之美：劉勰爲了重視聲文，專設聲律一篇，以闡述聲律和文學的關係。所以文心雕龍的音樂美，是劉勰行文的藝術特徵之一。音樂美表現在作品上的是和諧；而和諧的象徵決定於「抑揚律」和「輕重律」。我們姑且拿體性篇首段數句爲例：「夫情動而言形，理發而文見；蓋沿隱以至顯，因內而符外者也。然才有庸儁，氣有剛柔，學有淺深，習有雅鄭；並情性所鑠，陶染所凝，是以筆區雲譎，文苑波詭者矣。」在它的句形結構中，除了領字「夫、蓋、然、並、是以」，襯字「而、而、以、而、有、有、有、有、所、所」，尾字「者也、者矣」以外，其他一律爲四言或三言的句型。四言的節奏點在第二和第四字，三言的節奏點在第一和第三字。依照這個音程來諷誦上文的時候，則仄聲爲「抑」，平聲爲「揚」，平聲「重」讀，仄聲「輕」讀，我們發覺這段文字的抑揚、輕重，完全合乎自然的律動，極富音樂之美。此處不過一例而已，文心雕龍全書五十篇幾乎篇篇如此。

多樣之美：文章有多樣，才有變化，有變化才能光景常新，風格獨具。所以求新求變，文體多樣，是文章的另一種美。劉勰著文心雕龍，固然以說理見長，但是敍事、狀物、抒情，也都有他特殊的造詣。例如明詩篇中段，敍述中國詩學的發展，他上從三皇五帝說起，下至魏晉六朝爲止，把其間三千五百年詩學演進的概況，如數家珍般地從時代、作家、作品、內容、風格、特色；並充分利用正面、反面、比較、歷史、類推、演繹、歸納等，各種不同的角度和方法來說明。尤其在當時絕對沒有現在所謂之「文學史」「詩史」作爲參考的情況下，他竟能放眼古今，胸羅百家，寫得面面俱到，無懈可擊；而究其全文內容，也止不過六百八十個字而已。像他這種納須彌於芥子的本領，眞可以稱得上是中國文壇奇才。至於狀物，劉勰更是箇中高手。如物色篇言物來感人，情往會物而後產生文章的過程時，其中對「神與物遊」的狀況，曾有相當生動的描摹。他說：「歲有其物，物有其容，情以物遷，辭以情發；一葉且或迎意，蟲聲有足引心；況清風與明月同夜，白日與春林共朝哉！」單看他末四句，用「迎意」烘托「一葉」，用「引心」聯繫「蟲聲」，「同夜」的是清風明月，「共朝」的爲白日春林。寥寥數言，就把人帶入一個景色優美，文字靈動的感情世界。我們再通觀全書，每篇都是說理中有敍事，敍事中有說理，狀物中有抒情，抒情中有狀物。多樣的體裁，多樣的風格，把文心雕龍點染得燦爛奪目，美不勝收。

形象之美：爲文不外說理與表情，但情理均屬抽象；如何化抽象的情理爲具象的事實，是美學上的一致要求。劉勰以他醇練的文字修養，在文心雕龍裏就經常運用這種手法，把艱澀難懂的理論，或明喻，或暗喻，或借事，或借物，轉化而爲視之可見，聽之可聞的形象。例如在神思篇裏，當他捕捉爲文運思，靈感乍現的那一刹那的映象時，說：「登山則情滿於山，觀海則意溢於海，我才之多少，將與風雲而並驅矣！」他把靈感比作清風浮雲，和情山意海，拿「我才」作串連的橋樑，巧妙地突出了靈感在映象中活動的畫面。又如通變篇，形容一篇作品的不同凡響時，他說：「采如宛虹之奮鬐，光若長離之振翼，迺穎脫之文矣！」作品之傑出與否，本屬抽象，而他卻利用宛曲的長虹，振翼的朱雀，所散發的那種七采繽紛，輝光照人的豔冶，來映襯作品的形象，則此一作品的如穎脫囊中，便不言可喻了。從他以上巧譬善喻的美感效果來說，足見文心雕龍富有形象之美。

「文章千古事，得失寸心知③。」文心雕龍的行文之美，何其難知！況以此區區四則，又何能盡述我所謂的知呢？此不過管中窺天，鼎中嘗臠罷了。「天恐文章中道絕，又生劉勰在人間④。」最後，我只有用這兩句讚語，一方面表達本人的仰慕，一方面作爲本文的結束。至於進一步的去硏究闡發，那就有待於讀者自己的會心有得了。

【附註】

①本爲元朝詩人元遺山論詩三首之一，原詩內容是：「暈碧裁紅點綴勻，一回拈出一回新；鴛鴦繡了從教看，莫把金鍼度與人。」筆者在此對原詩略作改動而後運用。

②此處引文均見宋玉的神女賦，原文是「其象無雙，其美無極，毛嬙鄣袂，不足程式，西施掩面，比之無色。」又云：「上古旣無，世所未見，瓌姿瑋態，不可勝贊。」筆者所引，蓋截取原文中的一部分而已。

③這是唐代杜甫的詩。杜甫偶題云：「文章千古事，得失寸心知；作者皆殊列，名聲豈浪垂？騷人嗟不見，漢道盛於斯；前輩飛騰入，餘波綺麗爲。……」

④此處是筆者改動韓愈贈賈島詩而成。原詩：「孟郊死葬北邙山，日月星晨頓覺閒。天恐文章中道絕，再生賈島在人間。」

八　研讀「文心雕龍」的方法（上）

研讀文心雕龍，不可不預知劉勰有自己寫作的眞正面目，有體系完備的中心思想，和條理一貫的敍述方法。有人說「文心雕龍」與「昭明文選」關係密切，但它不是「昭明文選」的裝飾品。有人認爲「文心雕龍」與魏文「典論」，陸機「文賦」理論相近，但它也絕不等於「典論」和「文賦」的組合。又有人說「文心雕龍」集我國古典文論的大成，但它不能算是我國純粹的文學批評專著。還有人以爲「文心雕龍」意高辭麗，爲六朝美文，但更不能把它當成大一國文來選讀。我覺得劉勰由於受時代學風的薰染，和他對自我的期許與使命感，在他處處揚搉古今文體的時候，背後卻時刻隱藏着自己的人格。一部「文心雕龍」，可以說就是劉勰本人的化身，是個有機的整體①。例如講到序志篇「近代論文者多矣」一段文字時，整個的數代文論便因而揭開了序幕。講到「蓋文心之作也」一段時，全書四十九篇，都可能提綱挈領，一齊帶動了起來。假使學者只把它當成普通的一篇書敍去閱讀的話，那就永久不能擺脫明、清諸儒批點箋注的窠臼。即便是久讀成誦，也難免有「東向而望，不見西牆」②的缺憾！

我們發現劉勰在寫作「文心雕龍」的時候，有兩個相輔相成的方法。這兩個方法就像我們身體上的血脈經絡，是有條不紊的。這兩大脈絡，一是「經學思想」，一是「史學識見」。且經學思想是點，史學識見是線，連點成線，串連出基本架構。常人只知道他有宗經、史傳二篇，殊不知在文心雕龍全書裏，「宗經思想」和「史學識見」滙成兩道縱橫交織的主流。「宗經」是劉勰思想的主導，「史學」是劉勰運筆的金鍼。以下我們就先談他體系完備的「經學思想」。

譬如原道、徵聖、宗經三篇，劉勰認爲人文原於天地自然之文，故設原道篇。篇中一開始就說天、地、人三者的關係；同時又以易經爲參天緯地的第一部經典，此後又從伏羲創典，迄孔子述訓，推原天地自然之理，明察人文變化之要，無不歸功於古聖先哲，所以「道沿聖以垂文，聖因文而明道」，聖心合天地之心，故窮原竟委，便自然有徵聖篇之設。他所徵的聖人是周公、孔子，周公制禮作樂，孔子贊易刪詩，其繼往開來，無不唯文是賴。而聖人行文的體例有四：所謂：「簡言以達旨，博文以該情，明理以立體，隱義以藏用」。換言之，也就是「繁、略、隱、顯」，所以劉勰說：「徵之周、孔，則文有師矣。」周、孔乃儒家道統之所繫，其徵聖立言，取法周、孔，也正可以看出劉勰的「經學思想」了。

至於宗經篇，劉勰更是以莊嚴之筆，盡贊述之能。在這篇文獻裏，我們至少要注意三方面：一、是五經的內容，二、是羣經與文體的關係；三、是文能宗經的效益。他純粹從文學的角度去測量羣經，自是蹊徑獨闢，不同於馬融、鄭玄，何況進一步他把羣經對文學的影響力，看成不受時間空間的局限，對文學的革新與生發，有無限的可能性；只要我們去潛心發掘，便自然會領悟到經典的編成，歷時雖已久遠，但它所含藏的情辭，卻歷久彌新。

正緯、辨騷的設篇，更是劉勰的特識，爲千古學者所不及。如我們把原道、徵聖兩篇當成一組，屬於正面明揭劉勰「經學思想」的話，那麼這兩篇便是另一組，屬於反面開示他箴俗衛道的精神，兩方面都集中在宗經上，而表現的手法卻剛好是相背的角度。這種情形，只要讀者細心體會，一定是靈犀一點，卽可通盤理解。

明詩以下到程器，四十四篇中的「經學思想」，可以分成兩截來看，前二十篇論文敍筆，後二十四篇剖情析采。論文敍筆是他的文體論，剖情析采是文術論和文評論。依照宗經篇上的說法：「論、說、辭、序，則易統其首；詔、策、章、奏，則書發其源；賦、頌、謌、贊，則詩立其本；銘、誄、箴、祝，則禮總其端；記、傳、盟、檄，則春秋爲根。並窮高以樹表，極遠以啟疆，百家騰躍，終入環內者也。」則二十篇文體論，儘管涉及一百七十種以上的體類，數十位作家的作品，但尋根討葉，都和經典脫不了血緣關係。不過一般人讀這段文字時，以爲劉勰在開文學進化的倒車，如果一切文章體類皆形成於經典，則後來作家幾有用武無門的感覺，更不必侈談創新文運了。其實有這種想法的人，都是犯了讀書不精，或歪曲事實之病。須知劉勰所講的經典和後世文體的關係，只強調「首」「源」「本」「端」「根」而已，樓高千丈，尚起於平地，江河萬里，猶有其源頭，劉勰爲中國文學找到了它的根源嫡祖，這應該是大有功於中國文學才對。且「首」「源」「本」「端」「根」只是發端或濫觴，其今後發展，正有賴學者的努力創發，像這種具有激勵和積極的看法，是不容吾人去誣蔑其爲退化、爲落伍的。

宗經篇又說：「文能宗經，體有六義：一則情深而不詭，二則風清而不雜，三則事信而不誕，四則義貞而不回，五則體約而不蕪，六則文麗而不淫。揚子比雕玉以作器，謂五經之含文也。」他強調五經「含文」，是有意把經典推向文學創作和文學批評的領域，作他們陶鈞文思的源泉。而他在實際行文的時候，或明講，或暗喻，或援經以立義，或引說以就經，固然斗折蜿蜒，多采多姿，但峯廻路轉，卻仍是貼着五經立論。讀者如認清了此點，再來讀「文心雕龍」的時候，便會發覺劉勰處處衡文，卽處處宗經。我們如果脫掉了他「經學思想」的外衣，則整個的「文心雕龍」，不要說文體論二十篇成了架空虛設的空中樓閣，就是文術論、文評論二十四篇，也都變成行屍走肉，毫無靈魂的軀殼了。

其次，從「史學識見」上去觀察，我們更能發覺劉勰精、博的學養，和擇善而從的胸襟，及井然有序的筆法。

以明詩篇爲例：在首段「釋名章義」以後，接着由「人禀七情」起，到「此近世之所競也」止，先推論「詩」的起源，繼而考溯「詩」的流變。其中從葛天氏樂辭，而黃帝的雲門，堯有大唐之歌，舜造南風之詩，大禹的九序，五子的怨歌。再是商、周的雅、頌，春秋的諷誦，楚臣賦離騷、秦皇作仙詩。漢初韋孟，首唱四言，孝武柏梁，七言列韵。時至東漢，張衡的怨篇，清典可味。建安初年，文帝、陳思，王、徐、應、劉，並肩唱和，蔚爲五言的極盛時代。魏正始年間，阮籍、嵇康的作品，爲一時之選。

晉代文士，如三張、二陸、兩潘、一左，無不淫文破典，摸擬前修，缺乏創新的傑構。永嘉亂後，衣冠東渡，江左詩壇，由於受到談玄的影響，起了急劇的變化，此時只有郭璞的遊仙詩，算是挺拔俊秀，爲時代的寵兒。劉宋以下，「莊老告退」，山水文學，油然勃興，「儷采百字之偶，爭價一句之奇」，在唯美主義狂潮中，人人盡重視形式的雕琢，而忽略內容的充實。我們總結此段文字，你看他從遠古講到即身的宋、齊，在通變篇上說是「九代詠歌」，時序篇上說是「蔚映十代，辭采九變」，才略篇上也說：「九代之文，富矣盛矣」，我們不管他「九代詠歌」也好，「蔚映十代」也好，總而言之，三千年來的文學變遷大勢，在他的腕底筆端，就像脫線的珍珠，落在玉盤之上，發出動人心弦的音符。

他行文敍事的時候，也有幾個特點：一、是按時代先後爲序，並往往在上一個時代，和下一個時代啣接的地方，都刻意的按排一個轉折的字眼，如「昔葛天氏樂辭」的「昔」字，「至堯有大唐之歌」的「至」字，「及大禹成功」的「及」字，「自商暨周」的「自」字「暨」字，「自王澤殄竭」的「自」字，「逮楚國諷怨」的「逮」字，「至成帝品錄」的「至」字，「又古詩佳麗」的「又」字，「至於張衡怨篇」的「至於」，「暨建安之初」的「暨」字，「乃正始明道」的「乃」字。有時，他爲了避免轉折詞的重複運用起見，更以直呼朝代之名的方式，錯落於上下文句之間，使整個文章的層面，顯出多樣性的變化。例如「秦皇滅典」的「秦皇」字，「漢初四言」的「漢初」，「晉世羣才」的「晉世」，「江左篇製」的「江左」，「宋初文詠」的「宋初」。類似這些關鍵性的詞彙，無一不有穿鍼引線的功能。讀者在研讀「文心雕龍」時，如能掌握這種行文下字的竅門，便可收執簡馭繁，事半功倍的效驗；否則，便如墮五里霧中，有一片模糊，不知所云之感了。

二、是夾敍夾議：大致說來，「文心雕龍」是一部偏於敍述性的作品，但劉勰往往繼敍述之後，在必要的時候加以評論，把適才所敍之事、或單論、或合論、或按驗於史實、或取證於作品，巧於運用他博極羣書的聰慧，再以生花的妙筆去傳神點染，得出「平理若衡，照辭如鏡」的結論。現在我們仍以明詩篇爲例，來印證這個事實：如他疑「蘇李贈答」和班姬「團扇」二詩之非眞，論「古詩」爲兩漢的作品，這都可以看出他的膽大心細。又評古詩「直而不野，婉轉附物，怊悵切情，實五言之冠冕。」所謂「不野」，「附物」，「切情」，正合「樂而不淫，哀而不傷」的中聲大和；因此才有「步武三百，冠冕五言」的結論。至於他講正始詩壇，獨選應璩；說江左文風，推崇郭璞；評劉宋時代的詩風，是「莊、老退告，山水方滋」。這些名言讜論，不但類春秋史筆，有斧鉞之嚴；更有無限蘊藉，滿腔情愫，起伏於字裏行間，令人爲之心儀而不能自己也！

綜上以觀，「經學思想」和「史學識見」，確實是劉勰著述文心雕龍時，所運用的兩大脈絡。這兩大脈絡就像百川滙海，萬壑競爽，只要讀者討源索流，耐心尋味，久而久之，則「文心雕龍」——這部中國空前未有的文論寶典，它的宗廟之美，百宮之富③，就自然可以呈現在我們眼前了。

【附　註】

①郭紹虞先生中國文學批評史云：「劉勰一方面要彌綸羣言，使局部而散漫者得有綱領，一方面又要剖肌分理，使漫無標準者得以折衷。所以他是當時文論之集大成者。文心雕龍所以成爲條理綿密的文學批評之偉著者以此。」

②引文見文心雕龍知音篇。

③見論語子張篇子貢讚美仲尼的話。

九　研讀「文心雕龍」的方法（下）

本人旣批郤道竅，使讀者們知道了劉勰著述「文心雕龍」的兩大脈絡以後，對於五十篇研讀的順序，是又不可不知。「序志篇」是「文心雕龍」的最後一篇，清代紀曉嵐曾說：「此全書之總序。古人之序皆在後，史記、漢書、法言、潛夫論之類，古本尙班班可考。」因此，我在本書第五章，講「文心雕龍的內容組織」時，把它歸入第一類「緒論」，正由於它明揭著書的宗旨與體例，以及行文的取材，和構思的態度。證明劉勰書非苟作，志切濟世的襟抱。所以欲讀「文心雕龍」，必先讀「序志篇」。

一個偉大的文學理論家，他著書立說，決不是隨物起興，駕空騰說，一定有他思想之所自來。而劉勰的文論思想，是從「宗經」、「正緯」、「辨騷」三個源頭出發的。他認爲「經」是文學的根源，「緯」中的神話，有助文章，「騷」是中國文學變化的因子；宗經的目的在「守常」，正緯的目的在「藏用」，辨騷的目的在「知變」。中國的文學，到六朝而登峯造極，到屈賦發生空前的變化。不知六經，卽不能抉發中國文學的本根；不明識緯，卽不能認識中國文學與神話的關係；不讀屈賦，卽不能瞭解中國文學轉變的眞象。所以「文心雕龍」卷一有原道、徵聖、宗經、正緯、辨騷五篇之設。這五篇劉勰自謂是「文之樞紐」；自然是「文心」的樞紐，它的重要性，便不言可喩了。所以凡讀「文心雕龍」者，卷一五篇，爲必讀的篇籍。假使這五篇學者不能全讀，至少宗經、正緯、辨騷三篇必不可缺。

近代有些學者如范文瀾先生，列「辨騷」爲「文體論」之首，以爲「軒翥詩人之後，奮飛辭家之前，故爲文類之首」，而昧於文心雕龍序志篇所稱「文之樞紐」，這是應該在此提正糾正的。

其次，由卷二到卷五，共二十篇，是「文心雕龍」的「文體論」。按照序志篇上的說法，這是以「論文敍筆」的方式，去囿別區分的。須知劉勰壓根兒認爲「文」「筆」兩分，不是文體分類的良法；而他所以還要「論文敍筆」的原因，並非自相矛盾；而是因爲他通古變今，有承認現存事實的勇氣。由此，也可以證明劉勰吐故納新的文論立場。他既不一味的復古，也不盲目的去瞎喊藝術至上論。可以說平實切乎事情，是他文體論的特色。大別言之，從卷二到卷三，包含了明詩、樂府、詮賦、頌讚、祝盟、銘箴、誄碑、哀弔、雜文、諧讔等十篇，屬於有韵的文。卷四到卷五，包括了史傳、諸子、論說、詔策、檄移、封禪、章表、奏啟、議對、書記等十篇，屬於無韵的筆。這是我國自有文章以來，按作用分門別類的，同時也是規模最龐大，涵蓋最廣遠，影響最深切的文章體裁論。他的文體論二十篇，不僅篇與篇之間，有前後的關聯性，就是一篇之內，其結構布局，也是十分謹嚴的。例如他每篇行文都依照預定的四大條例去開展，整個結構如天衣無縫，非常緊密。但由於時異勢變，今天我們對文章的分類和要求，與中古時期已迥然不同；所以這雖然當初是「文心雕龍」最重要的一部分；可是就現在來說，反成了價值較差的一部分①。不過，劉勰的文體論，並不純作文章體裁的分類，在文體分類中，他同時也強調了各類文章的分體作法；和以下的文術論部分，有血肉相連的關係，不容忽視。由於二十篇分量太多，我們選精拔粹，切乎今日實用的。其中如明詩、樂府、詮賦、雜文、諧讔、史傳、諸子、論說、書記等若干篇，還有一讀再讀的價值，千萬不能以輕心掉之。

繼文體論以後的是「文術論」。「文術論」由卷二到卷九；而卷九的時序篇，與卷十的物色篇，根據前人的考訂，說是刻書時誤倒；物色篇應歸屬文術論，時序篇與才略篇相接，才是正本清源。我覺得這個說法，雖然能夠自圓，但根據現有最早的元至正乙未嘉禾本文心雕龍來看，全書五十篇的次第，和現在一點兒沒有差別。基於此一認識，筆者以為前人的考訂，只可作為參考，不能算是千秋定論。我們現在還是按照今本，把物色篇放到「文評論」中去處理，才比較心安理得些。

「文心雕龍」的「文術論」是剖情析采的，但在實際研讀的時候，卻不必拘泥形式。例如神思篇言「陶鈞文思，貴在虛靜，疏瀹五藏，澡雪精神」，而如何疏瀹？如何澡雪？本篇並未繼續深究，必定要接讀養氣篇以後，才能得到具體的答案。又如神思篇講：「臨篇綴慮，必有二患；理鬱者苦貧，辭溺者傷亂。然則，博見為饋貧之糧，貫一為拯亂之藥。」但如何博見？如何貫一？本篇亦未深究，學者欲知「博見」的要術，不能不參考事類篇；欲知「貫一」之法，不可不研讀鎔裁篇。再如體性篇，只講到文章風格的種類，和決定風格的重要因素；而風格和體裁到底是個什麼關係？他在體性篇卻絕口不提，因此，我們便不能不讀定勢篇，讀了定勢篇，才恍然大悟有關風格與文體之間，實似一體的兩面，不能分割。風格表現在文章形式上的層面很多，諸如聲調、辭藻、色彩、氣勢等，所以我們又不能不進一步探討情采、聲律、章句、練字、麗辭、夸飾、比興、隱秀各篇。

文章總離不開「內容」「形式」兩個元素的結合。談到「內容」，如何使命意妥貼，文有重心？講到「形式」，如何使辭到優華，當情中理？現在一般人管這些問題叫做「修辭學」；實際上「文心雕龍」講修辭，涵蓋的意義非常廣泛。它不僅談形式上的修辭，還談到內容上的鎔煉。有時候，我把現在通行的所謂「聲韵」、「修辭」、「文法」一書拿來潛心研究，發覺今人在這方面，雖然演繹得十分精密；但如果認眞的予以歸納提煉，把他們所持的原理原則，同「文心雕龍」文術論來比權量力，不客氣的說，就相形見絀了。因爲現在的學者專家們只知道條分縷析，但卻忽視了彼此間的整合和彌縫。似此，陷入支離破碎的泥淖，還不自知，怎不叫我們望古人而興莫及之嘆呢！因此，我們研讀劉勰的文術論的時候，一篇也不能輕易放過。

話講到這裏，我必須再提醒讀者的有兩點：一、是「文體論」和「文術論」二者的關係。前者是體，後者是用，前者是文章分體作法，後者是文章的一般作法，前者是別性，後者是通論。二、是「總術」這一篇，在全書中的特殊地位。它是文體論和文術論兩部分中間的橋樑。有了它的從中串連。「文體論」和「文術論」兩部分才能密切接合，看出彼此間體用的關係；如果把它散置在文術論之末，那就形同贅疣，不但毫無價值，更誤解了劉勰「為文用心」的意思了。

最後是「文評論」，「文心雕龍」的「文評論」，不限於時序、物色、才略、知音、程器四篇，而是全書五十篇，篇篇都含有批評的精神和理則。現在治西洋文學批評的人，都覺得西洋文學批評精深博大，對促進創作有不可估計的推動力。反觀我國文學批評方面，是很弱的一環。因為我們既沒有西洋那種創作與批評合流的思潮，大家也都不給它應有的重視。這是文學批評在中國文壇得不到發展的溫床，而日趨沒落的主要原因。正是由於如此，清朝紀曉嵐總纂四庫全書時，想找份純粹屬於詩文評類，而首尾完備的專門著作；找來找去，只有打出「文心雕龍」這張王牌。從這一點玩味，你就可以知道它的價值了②。

「文心雕龍」批評論的內涵，較之西洋文學批評，雖顯然不夠周密，但這是我們唯一的瓌寶。拿時序篇說吧，它是從時代潮流的立場，說明文學與時代相激相盪的關係。物色篇是以自然環境為出發點，論文學取材與景色事物的關係。才略篇是從作者天賦與學養方面，論文學與個人才學識略的關係。知音篇是藉知音難遇以起興，分析文學批評的避忌和理則。程器篇是從「達則兼善天下，窮則獨善其身」方面，講明文學家必須注意自己的道德修爲，所謂「先器識而後文藝」者是也。這五篇分之各成單元，合之首尾密會，有乘一總萬，牽一髮而全身動之妙。

這五篇行文運思的手法，有的從時間上立論，把上古至六朝，上下數千年的文學變遷大勢，如數家珍般的講得綱舉目張；有的從事物的體貌立論，把自然界的景物色彩，烘托得像光芒四射的火花，一起熔入了作品的字裏行間；有的從空間立論，將百餘位作家的作品，拿來較長論短，不啻銀河倒瀉，只見霞光一片，令人目迷神眩；有的沿着特定的線索追尋，用海底撈針的絕活，耐心細緻的刻畫，把文學批評的甘苦，盡化成靈丹妙藥，永爲後世鑿鑑；有的從某一點去推論，由近及遠，像石破天驚，引起無限迴旋，無限盪漾。這眞是縱橫交錯，點線映輝的作品。我們如果神遊其間，必定使你有欲罷不能的感受。像這樣的文學批評，我們又怎能忍心忽略呢？

關於「文心雕龍」五十篇研讀的順序和方法，以上我也大略的涉及到了。現在有許多同好先進，或學界師表，在推崇「文心雕龍」的同時，幾乎不約而同的認爲：劉勰不應該運用六朝通行的儷文，抒寫一己的文學理論，致令「文心雕龍」因艱澀難懂而貶低身價。這個話乍聽起來，頗能言之成理；但如細加玩索，便發覺此不但犯了以今臆古的通病，更顯示出自己對劉勰運詞構思的理解不夠。劉勰身為齊、梁間人，他用當世通行的文體，暢敍文學理論，於情於理，都不容我們置喙；因為每一位學者，都不可能不受到時代局限的。所以「文心雕龍」的問題，不在該書的本身，而在後來的讀者。讀者的學養和研讀時所持的態度，才是我們應當嚴重考慮的焦點。知音篇說得好：「世遠莫見其面，覘文輒見其心。豈成篇之足深，患識照之自淺耳」，這不是很好的答案嗎！

【附　註】

①劉大杰中國文學發達史云：「劉勰在文心雕龍裏，幾乎費了一半的篇幅，專門討論各種文體的問題。他在這一方面，雖費了不少的氣力，然而我們現在看起來，在全書這是價值最低的一部分。」

②見四庫全書總目提要集部詩文評類云：「文章莫盛於兩漢，渾渾灝灝，文成法立，無格律之可拘。建安、黃初，體裁漸備，故論文之說出焉，典論其首也。其勒為一書傳於今世。則斷自劉勰、鍾嶸，勰究文體之源流而評其工拙，嶸第作者之甲乙而溯厥師承，為例各殊。」

一〇　研讀「文心雕龍」預修科目的商榷

「歲老根彌壯，陽驕葉更陰」，我們用北宋王安石的「孤桐」詩句，來形容劉勰及其文心雕龍，是再恰當不過的事了，因爲它是歷久彌篤，光景常新的傑作。

劉勰目睹當時文學風氣，受玄學、佛學以及五胡亂華，衣冠南渡後，頽廢和安於現狀的多重因素影響下，文學價值觀雖受到新的肯定，但文人寫作卻以雕蟲篆刻的文字技巧爲能事，忽略了文學爲人生服務的基本要求，以至數典忘祖，捨本逐末，發生種種流弊，於是憤而著述，決心從傳統學術中，爲中國文學找出源頭活水，遂高揭徵聖、宗經的大纛，向六朝華而不實的文壇宣戰。他大約化費了六年漫長時光，完成此部體大慮周，籠罩羣言的文心雕龍。

「文心雕龍」的完成，比鍾嶸詩品要早十年，而詩品祇評五言詩，其他一概闕如；比蕭統昭明文選早三十年，而文選祇是選文，且成於衆人之手；和任昉的文章緣起成書時間約略相等，而「緣起」已亡於隋唐，現在的「緣起」乃唐代學者張績所補。魏文帝曹丕的典論，摯虞的文章流別志論，陸機的文賦，雖然早過它最少二百年以上，但是有的篇幅太短，根本不成氣候，有的雖成氣候，又散佚大半，難睹全豹，所以居今想找一部具有全面性、整體性，貫通古今的文論專著，除了文心雕龍以外，到現在爲止，恐怕還不會有第二部。

清代以前，我國是一個閉鎖性的封建政體，朝廷以開科取士的辦法登庸人才。當時發策決科的重要因素，是以文章的優劣，作爲錄取與否的條件，這時的讀書人都認爲文心雕龍五十篇，前半講文體，後半講修辭，剛好可以拿它講的文章作法，作爲問津仕途的憑藉，於是大量地翻刻、流傳，甚而注釋、校勘，這種情形祇要打開南宋末年王應麟的辭學指南，就可以看到這個端倪了。

近代中西文化交流日趨頻繁，西方文學理論也隨着科學技術沛然東來。關心文運的人士，又再把文心雕龍從書橱中推出來，依照西洋治學方法重新加以評估，欣然發現劉勰在距今一千五百年前後，在文心雕龍中所堅持的某些觀點，和具體方法，對當前文學發展，仍有其一定的價值和指導作用；較諸西方所強調的文學理論，不但毫無遜色，反而更突顯其探本索源的功效。因此，當我們拿它和美國學者韋勒克、華倫二家合著的

「文學論」加以比較後，眞的證明了這個不容否認的事實。於是文心雕龍的價值，再度受到東方學者的肯定，被奉爲中國文論中的寶典，並尊稱研究這方面的學問謂之「龍學」或「雕龍學」。

文心雕龍雖然受到學術界的推崇，可是眞正研究它而卓然有得的學者並不是很多，原因在於劉勰行文太過簡古，帶動的典故又多，理論又過分抽象，措辭更極盡華麗的能事，如果讀者不具有狂熱的決心，而痛下苦功的話，沒有不望而卻步，淺嘗輒止的。所以閱讀這樣一部有深度、廣度的鉅著，下面的幾點建議，也許值得您考慮：

一、要預修若干和文心雕龍內容取材密切相關的學科：本文前面說過，文心雕龍是一部陶冶萬彙，組織千秋的著作，讀者兼備了和它持論相關的各種學科修養，才能對文心雕龍涉及資料的出處、意義，或則是全引、是縮節、是化用、是改寫、是推陳出新、是自鑄偉詞，有全面的掌握；否則，那就像荀子說的「短綆不可以汲深井之泉」①，是沒法達到目的的。

二、要正確了解劉勰在文心雕龍中所呈現的思想體系；祇要是傳世不朽的著作，必定有它終始一貫的思想體系。此一體系，作者往往用一個詞彙，一句短語，一篇文章作全書穿鍼引線的脈絡，由小而大，由點而面，由精微而具體。讀者如果正確了解這一點的話，大有牽一髮動全身之妙。所謂振衣挈領，舉綱提綱，正指此而言。

三、要認識文心雕龍十卷五十篇的基本結構：書的整體結構和人體一樣。人的身體旣有四肢百骸，五臟六腑，何況劉勰以他豐富的「因明學」修養，又立志讚聖述經，成一家之言；當然他的文心雕龍在結構布局方面，一定經過縝密的安排。譬如何處是他的文學思想？何處是文學體裁？何處是文學創作？何處是文學批評？在各部分中，又那些篇目是正說？那些篇目是反說，那裏是重點？那裏是陪襯？無一不是櫛比鱗次，首尾圓合，富有生機活潑的整體。所以讀文心雕龍，能認識它的基本結構，才享有王安石說的「不畏浮雲遮望眼，自緣身在最高層②」的樂趣。

四、要熟悉劉勰行文運思的習慣用語：文章是精煉的語言，和作者平常說話的習慣大有關係。作者的習慣用語，可能是受家庭、社會，或個人學養與不同的生活方式影響。用語一旦成了習慣，就有一種獨特個性和意義。讀者必須給予妥善的詮釋，才能符合作者的原意。而這個詮釋又需要考慮，它是放之全書而皆準呢？或是隨上下文義的不同而改變呢？如果讀文心雕龍不熟悉這一點兒，那就荆棘滿途，寸步難行了。

五、要選擇一部合用的注本：前輩學者勸人讀古事，往往喜歡人們去直接閱讀原著，不要先看注解，免得被注疏家牽著鼻子走。這個說法基本上是對的。但現在已不是從前了，老一輩的時間充裕，可以容得他們去品味揣摩；現在的學生們可不行，從小功課就五花八門，到了中文系才開始眞正讀中國古書，「時過然後學，則勤苦而難成③」，如果我們再不選擇一部合用的注本助讀，像文心雕龍這樣的典籍，那就不知道何年何月才能識得「廬山眞面目④」了！

韓非說得好，「長袖善舞，多錢善賈⑤。」文心雕龍既是劉勰給我們留下的一部萬古常新的寶典，當此中西文化交流頻繁的今天，爲了矯正當前文壇的流弊，拓展創作的新境，我們應本着責無旁貸的態度，來承繼往代學者研究的成果，運用個人天賦的智慧，痛下切己體察的工夫，並按照切實可行的方法，把劉勰在文心雕龍中歷久彌篤的文論，加以昇華提煉，爲中國文學再開奇觀。以下我想根據個人研讀文心雕龍多年來的經驗，把預修的幾種重要學科，分別開列於後，並非自炫浩博，實在是向劉勰問學所必備。

一、在經學方面：易、書、詩、禮、春秋五經必須閱讀。

二、在史學方面：國語、逸周書、戰國策、春秋左氏傳、春秋公羊傳、春秋穀梁傳、史記、漢書等必須閱讀。因爲劉勰的經學思想只談五經，五經以外的作品，他都把它分散到史傳和諸子、論說各篇裏。

三、子學方面：論語、孟子、荀子、老子、莊子、列子、墨子、韓非子、呂氏春秋，以及陸賈新語、賈誼新書、劉向說苑、揚雄法言、王符潛夫、王充論衡等必須擇要閱讀。

四、文學方面：凡六朝以前的文集如王逸楚辭章句、蕭統的昭明文選，蔡中郞集、曹子建集、陸士衡文集、陸士龍文集，和徐陵的玉臺新詠均應擇要閱讀。

五、工具書方面：如許愼說文解字、郭璞爾雅注，以及中文系開設的音韵學，文字學，訓詁學、校勘學、均應具備相當基礎。這樣在研讀的時候，有了工具書的幫助，才能得心應手，相得益彰。

六、其他：如中文系開設的修辭學、文法學、中國文學史、中國書、畫和音樂方面的理論，以及文藝心理學，西方文學批評，比較文學論，甚而藝術概論、美學等，均與文心雕龍有關係，遇到這一類學科，也應加以適當擷取，以便相互生發。

【附　註】

①見荀子榮辱：「短綆不可以汲深井之泉，知不幾者不可與及聖人之言。」

②詩見宋王安石作的登飛來峯詩，云：「飛來峯上千層塔，聞說鷄鳴見日升。不畏浮雲遮望眼，自緣身在最高層。」

③引文見禮記學記。

④詩見宋蘇軾作的題西林寺壁，云：「橫看成嶺側成峯，遠近高低各不同。不識廬山眞面目，只緣身在此山中。」

⑤引文見韓非子五蠹篇。

二 「文心雕龍學」發展的新趨勢

綜觀近六十多年來「文心雕龍學」研究的成果，先是由研究方法和觀念的改變，影響到內容和思想的改變；再由內容思想的改變，帶動了寫作形態的改變。使古典文學的理論，透過科學分工的形式，與現代實際生活經驗相結合，我覺得這該是一項重大的收穫。所以各方面的成就，都有承先啟後的效果。如在「文心雕龍」本文的校勘方面，有王利器的「文心雕龍新書」。在「文心雕龍」注釋方面，前有范文瀾的「文心雕龍注」，後有李曰剛老師的「文心雕龍校釋」。在「文心雕龍」板本方面，有潘重規老師的「唐寫本文心雕龍殘本合校」。在「文心雕龍」譯白方面，有李景濚先生的「文心雕龍新解」。在「文心雕龍」索引方面，有北京巴黎大學漢學研究所出版的「文心雕龍新書通檢」，朱迎平先生的「文心雕龍索引」。在「文心雕龍」的文論傳播方面，有施友忠先生的「英譯本文心雕龍」，興膳宏的「日譯本文心雕龍」，崔信浩的「韓譯本文心雕龍」。在「文心雕龍」作者劉彥和身世考索方面，有王更生的「梁劉彥和先生年譜」。

這些論著，都給我們提供了進一步研究的最佳資料。所以今後「文心雕龍學」的研究，在這樣一個堅固的基礎上，瞻望前途的發展，是令人興奮的！

雖然在研究的歷程上，往哲今賢已給我們奠定了基礎，但這些客觀的因素，必須建立在主觀的條件上以後，才能發揮它的效能。到底我們要具備那些主觀條件呢？個人認爲起碼有以下五點：第一，在思想觀念方面：要有文學日漸進步的觀念。第二，在國學基礎方面：要有足夠運載的知量。第三，在資料簡擇方面：要甄採動態的資料加以整理。第四，在研究過程方面：要充分利用「文心雕龍」索引或通檢。第五，在語文能力方面：要兼備一種以上的外國語文的能力。因爲有了文學進步的觀念，才不至於有貴古賤今，崇己抑人的偏見。有了足夠的國學知量，對「文心雕龍」的引經據典，才有深廣的理解。有了動態資料的掌握，才能使劉勰的文論思想，與現實生活相連貫。對索引、通檢的充分利用，才能節省翻檢之勞，加速研究工作之進行。至於備一種以上的外文能力，更可借他人之長，補自己之短，收攻錯之效。假使我們具備了這些主觀的條件，而又能憑藉各種客觀的因素，則「文心雕龍學」研究的方向，至少可以遵循以下六個途徑去努力。

甲、校勘方面：訛文錯篇仍待整理

我在本文前面說過，談到「文心雕龍」的校勘，王利器「文心雕龍新書」是一部集大成的巨著，尤其配合上新書通檢後，不啻如虎添翼，越發顯得身價百倍了。不過「野火燒不盡，春風吹又生。」學術上的校勘工作，也應該作如是觀。例如曹學佺序梅子庾「文心雕龍音註」，說「梅氏從事於斯，音注十五，而校正十七，差可讀矣。」到了黃叔琳輯注的時候，黃氏就以爲「子庾自謂校正之功，五倍於楊氏；然中間脫訛，故自不乏，似猶未得爲完善之本」①，到了王利器新書，他列擧了許多條，證明梅註本和黃註本的不可信賴，以及前人校勘錯誤的地方②。然後王氏又用對校法、本校法、他校法、理校法，詳加覈對，以梅還梅，以黃還黃，以甲還甲，以乙還乙，於是就成功了他這一部傑作，這也附帶的證明了學術日漸進步的觀念是正確的。

可是我們要問王氏新書的校勘是不是就天衣無縫，完美無瑕呢？此又不盡然。例如原道篇「爲五行之秀氣，實天地之心生」句，「秀」下「氣」字，「心」下「生」字，原皆脫，據楊明照校注、王利器新書考得，係明梅慶生第六次校訂本剜去，黃本、張松孫本從之。劉勰「文心雕龍」原句，本之禮記禮運篇，子庾不明根柢，遽而剜去原文，事實俱在，本可據改無疑，而王氏新書卻不據改。再如同篇「形立則文生矣，聲發則章成矣」句，「文生」「章成」原互倒，各與句首主語不相應。文由形生，章以聲成，故情采篇之論形文、聲文，有所謂「五色雜而成黼黻，五音比而成韶夏」之說，本可據全書造語的文例訂正，而王氏新書失校。又同篇「峻業鴻績」句，「峻業」原倒，與「鴻績」二字不相儷偶，依彥和「文心」駢偶之文例，理應乙正，而王氏亦失檢。我們由原道一篇卽已發覺王氏新書值得我們商量的地方仍然很多，似亦未爲完善之作。可見「文心雕龍」在校勘方面，尙待吾人努力的地方還是俯拾皆是。

乙、注釋方面：劉勰「文心雕龍」中慣用詞彙的研究

人是合羣的動物，過的是團體生活，根據社會學家、民族學家和心理學家的分析，個體隨時會受到團體的影響，那麼作爲表達人類意識形態的語言，也必然會因羣體關係的影響而有一定的模式。卽以「文」「心」二字爲例，以「文」爲句的句子，在「文心雕龍」中，計三百三十七個單句，在三百三十七個單句裏，我們如果詳加分析，「文」字的用法，更因上下的文義而受到局限，如「文之爲德也大矣」（原道篇），「宋置析組以多文舉禮」（徵聖篇），「觀其二文，辭達而已」（明詩篇），「雖文質不同，得事要矣」（議

對篇)，「虎豹無文，則鞹同犬羊」(情采篇)，「說詩者不以文害辭」(夸飾篇)，「豈以好文而不練武哉，豈以習武而不曉文也」(程器篇)「文繡鞶帨」(序志篇)，同是以「文」字成句，而涵義各自不同。再如「心」字的用法，總計全書有八十二個單句，其中若「言之文也，天地之心哉」(原道篇)，與「標心於萬古之上」(諸子篇)，「關鍵將塞，則神有遯心」(神思篇)，「滔滔孟夏，鬱陶之心凝」(物色篇)，以及「覘文輒見其心」(知音篇)，由於「心」字在句中的特定地位，細繹其意義，互不相侔。再說「文心雕龍」中，其他常見的字彙、辭彙，如「道」，「性」，「氣」，「風」，「骨」，「神明」，「神理」，「自然」，「體性」，「風骨」等，都帶有專門術語的性質。對這些字詞的解析，在學術界曾引起不少的爭論，如以「風骨」爲例，討論它的文章，就有王更生的「文心雕龍風骨論」，寇效信的「論風骨」，黃振民的「劉勰風骨論發微」，郭晉稀的「試談『文骨』和『樹骨』在文心雕龍中之重要意義」，潘辰的「關於文心雕龍風骨篇的骨字」，楊增華的「從養氣說到風骨論」，李樹爾的「論風骨」，日本目加田誠的「劉勰的風骨論」等，前後就有八篇論文，不下十萬字以上的篇幅在討論，其他如「養氣說」，「虛靜說」，每一個特定的文辭，都構成學術上的公案，沒有合理解決的定論。

過去做這方面研究的學者爲數不多，如陸侃如在民國五十一年（西元一九六二）四月於「文學評論」第二期上，寫了一篇「文心雕龍述語用法舉例」只揀「體」字「骨」字作分析的對象，所涉範圍雖然有限，但在這塊新闢的荒原上，他的確是第一位拓荒者。隨後時人廉永英先生在女師專學報第二期上，也寫了一篇「文心雕龍體義箋證」，就「文心雕龍」中「體」字的用法，博搜箋釋，明其要旨，曰體性，曰體骨，曰體式，曰體勢。其說亦有值得參考的價值。

今後我們對劉勰「文心雕龍」的造語，必須與早期或同期作家的著述發生連繫。因爲我在前面說過個人和整個社會環境的關係，劉勰的措辭不可能不受同代或前代影響的。所以上自羣經、子、史，下及魏、晉、六朝文家之言，都是我們比較研究的材料。假使我們今後能從這方面去小題大作的話，一定會撥雲霧而見青天，有劃時代的新發現。

丙、文論方面：與現代的文藝思潮相結合，與西洋文學批評相融通

「文心雕龍」成書於南齊之末，所以它不可能不受時代的局限而有若干角度需要調整的。不過我們在約略的對它加以觀察和分析以後，便可以知道劉勰論文學與現實，論內容與形式、論風格、論題材、論文藻、論辭氣、論通變、論衡文，構成了他全部的理論體系，探討了文學上的基礎問題，這種偉大的論述，就像一塊未雕的璞玉，只要人們去琢磨，就會得到價值連城的收穫。

「文心雕龍」既是通古今之變的，我們有理由借用其文論思想與現代的文藝思潮相結合。如劉勰評六朝文家的「競今疏古，好奇反經」，「體情之製日疎，逐文之篇愈盛」的流弊，在今天國內的文壇上，仍然是令人觸目驚心的活躍着，三民主義的文藝思潮，要我們寫出以國族為背景的作品，而「文心雕龍」所謂「矯訛翻淺，還宗經誥，斯斟酌乎質文之間，而檃括乎雅俗之際」，二者又若合符節。今日社會所要求於作家者，是以健康、活潑、富有生命力的作品，以振奮人心，淬勵士氣，而「文心雕龍」即云「飾窮其要，則心聲鋒起，夸過其理，則名實兩乖。若能酌詩書之曠旨，剪揚馬之甚泰，使夸而有節，飾而不誣，亦可謂之懿也。」這種去泰去甚的信條，正是一個健康文學必循的途徑。所以有志於文學理論研究的同好，得劉勰之說而行之，則中國當前的文藝創作，才能推「文心」之至理，有不竭的源泉。

學術乃天下的公器，像「文心雕龍」這樣一部博大精深的文學論著，不僅應弘揚於全國，更要普及於世界。民國以來，我國遊學歐美之士，恒有譯介西洋學術論著於國人的，若嚴幾道，胡適之，林琴南，王國維，但將我國古典論著翻譯西文以廣傳布的，便寥寥無幾。如「文心雕龍」英譯本，還是在外國資金的獎助下，近十年左右完成的。日譯本是日本人與膳宏的作品，也還是近五年來的產物。韓譯本是韓國崔信浩於一九七五年的譯著。假使志在中、西文化交流的學者專家，具有心繫中國，放眼世界的胸襟和理想，將劉勰的文論思想與西洋文學批評，融通合流，比較分析，然後採長補短，這該是最令人喝采的壯舉。

翻檢近六十年來有關「文心雕龍」研究的論文，屬於以上這兩方面的命題者還是一片空白，正見一則茲事體大，千頭萬緒，不知由何說起，二則長於西文者，未必兼長我國古典文論；長於我們古典文論者，往往見絀於西文，兩全之難，於斯可見端倪。惟「天下無難事，只怕有心人」，我們深信在這個草萊未闢的荒原上，不久的將來，一定會有柳暗花明的一天。

丁、翻譯方面：必須遵守信達雅的原則從事翻譯工作

嚴幾道譯赫胥黎天演論，例言第一條說：「譯事三難信達雅。求其信已大難矣，顧信矣不達，雖譯猶不譯也，則達尚焉。」嚴氏所指雖然是從西文中譯的觀點立言，而中文外譯，或文言譯成語體，又何獨不然。即以「文心雕龍」爲例，近十數年從事於譯白者頗不乏人，如鍾露昇先生的劉勰神思譯注，陸侃如、牟世金的譯註原道、辨騷、神思、風骨、情采、知音、序志等七篇，郭晉稀文心雕龍譯注十八篇，李景濚先生文心雕龍新解等。現在我們姑且取鍾、陸、李、郭，四家同篇的譯文作一比較。「文心雕龍」神思篇首段原文：「古人云：『形在江海之上，心存魏闕之下。』神思之謂也。」（採自王利器文心雕龍新書）

鍾先生譯：「古人說：『身體在江上海上，心思在宮闕前邊。』這是說思想的神妙啊。」（摘自易蘇民編大學文選第九十期合刊本）

陸先生譯：「從前有人說：『形體居留在江海，心神卻繫念着朝廷。』這裏說的就是精神上的活動。」（摘自文心雕龍選註一〇八頁）

李先生譯：「古人說：『身在遙遠的江海，心中卻馳騖着朝庭的宮闕。』這正可比況『神思』（靈感與文思）的不可捉摸啊！」（摘自民國五十七年四月臺南翰林出版社初版文心雕龍新解）

郭先生譯：「古人曾經說：『有些人隱居在江海之外，心可能仍舊眷戀着朝廷的爵祿』。這種身在這兒，心在那兒，思考不受道路遠近，時間久暫限制的情況，就叫做神思」（摘自民國五十三年建文書局出版的文心雕龍譯註十八篇）

經過我們抽樣排比以後，這四位先生的譯筆，諸如遣詞、立意，固各有優點，但彼此的差距是相當大的。

我以爲世界上沒有一部毫無瑕疵的著作，但不必要的差誤，總要設法減少到最低限度。而翻譯文字有時會發生與原文不諧和的原因，主要是由於譯者對原文的理解不夠透闢，以及下字尚欠精當。

過去施友忠先生英譯本文心雕龍發行後，美國哈佛大學中文系教授海陶瑋博士，曾以序志篇文爲例，指證施氏的譯筆，未能傳達劉勰的想法③。

近代言翻譯，已成專門的學術，而「文心雕龍」的翻譯，更是專門學術中的專門學術。有志於學術普及與文化交流的同好，在這一方面也是一個新闢的天地，取之不盡，用之不竭，正等待技術純練的園丁們去墾殖哩！

戊、資料方面：「文心雕龍」本身資料的集結

從事學術研究的先決條件，是資料的營聚。如果沒有可靠或豐富的資料，卽令有傑出的研究人員，也談不上推陳出新的創見。過去司馬遷寫太史公書，尙紬繹石室金匱之書，班固於漢書敍傳，說他自己的著作：「凡漢書，敍帝皇。列官司，建侯王。準天地，統陰陽。闡元極，步三光。分州域，物土疆。窮人理，該萬方。緯六經，綴道綱。總百氏，贊篇章。函雅故，通古今。正文字，惟學林。」他們兩位帶動的資料是如何的浩博。反觀「文心雕龍」五十篇，舉凡經、史、諸子，都是他搦筆染翰的張本。所引到的作家少說也有二百五十位上下。一千四百七十多年來，歷代襲用他的書籍有二十四種，徵引他的學者有三十九位之多。著錄他的歷代史志有二十五種，品評他的專家們恐怕也要在五十位以上。從唐到清末，「文心雕龍」的手鈔本計九種，單刻本有二十一種，評註本約十七種，各家校本多達二十一種，選本也有十二種，至於百年來研究有成的專門著作，已經現行於世的，更高達二十九種。民國開元迄今，國內外人士研討文心而發表的論文，計二百三十多篇，所涉及的地區，廣及自由中國、大陸、香港、日本、美國。尤其值得一提的是國內外所出版的中國文學史，或中國文學批評史，中古文學史，魏晉六朝文學等書，百分之九十以上，都把劉勰「文心雕龍」當成重要的論著去敍述④。我們綜括以上的統計，就自然有喜憂參半的感覺。喜的是「文心雕龍」已普遍受到學術界的重視，憂的是類此眾多的資料，應如何去類聚羣分，眞叫人有千頭萬緒，無從下手之憾！

民國四十五年（西元一九五六）香港大學中文學會，發行了一本「文心雕龍研究專號」。其中載有李直方的「近五十年來文心雕龍書錄」，裏面所收的國內外著述，連論文在內，國內的有四十七種，國外的二十一種。以這個集結的篇數，來看以後十七年內（由民國四十六年至六十二年）的發展，其有關「文心雕龍」的論著，據統計增加了三倍以上。這種情勢的延續，讓我們從事研究工作的人，幾乎應接不暇。數年前，筆者應程師旨雲之邀，爲「六十年的國學」寫一篇有關文學評論的文章，當時我就以「六十年來文心雕龍之研究」爲題，輯得海內外的有關論著百餘種。由此觀之，對於「文心雕龍」本身有關資料的集結，可說是當務之急。

己、比較研究方面：以「文心雕龍」爲中心，與其前期、晚期、或同期的文論，作比較研究

講到比較研究就想到比較文學，比較研究我國古來已有，比較文學卻是外來的產物。在比較研究方面卓著成績的，莫過於清儒王氏父子。諸如他們所著的廣雅疏證、讀書雜志、經義述聞、經傳釋詞，雖是依據音韵、訓詁，再加以歸納的方法，得出正確的解釋，而「博考以證其失，參酌而寤其非」見廣雅疏證自序，「據耳目所及，旁考諸書以校此本」同上書，則又是比較研究的最好說明。但所謂比較文學（Litt’erature Compar’ee），一八三〇年，也就是在清道光十年，法國巴黎大學教授維勒曼（Villemain）才用它做爲講授文學的標題。百年以後，巴爾登斯拜爾易先生（Baldensperger）的一般文學史與比較文學史雜著（Melauges d’histoire Litt’eraire g’en’erale et compar’ee）出版，比較文學才有第一部文獻。他們所謂比較文學之內涵，祇是在不同國籍的文學中，取出類似的作品、典型人物，並列研究，以證明它們的不同和相似之處，擴大認識的基礎，找到儘可能多的種種結果和原因。而我們對「文心雕龍」的比較研究，是在以「文心雕龍」爲中心，與其前期、晚期或同期的文論作比較研究。以研究「文心雕龍」在某一方面和其他作品有無發生連帶關係，尤其在興感上，內容上，形式上，文體上，有無因接受外來的影響，而擴展了它的領域。這雖不同於西洋「比較文學」的涵義，而其研究的模式卻有異曲同工之妙。

早於「文心雕龍」的文論專著是沒有的，但如孔、孟、荀三家以及其他先秦諸子，西漢的司馬相如、揚雄法言，東漢的班固漢書、王充論衡，建安時期曹丕的典論，與吳質書，曹植的與楊德祖書，都經劉勰一再引述。入晉有陸機文賦，陸雲與兄平原君書若干則。此時編撰總集，爲後世所稱的，又有摯虞的文章志、文章流別集，李充的翰林論，各具慧眼，陶冶千秋，雖因代久年淹，散佚不全，但尚能由清人的輯佚所得，窺其大略。葛稚川的抱朴子，可以說是兩晉期間不可多得的名著，其中鈞世篇、尚博篇、辭義篇，皆屬思慮深沉，摧堅陷固的話。與劉勰同期的文家很多，如齊梁前後，范曄作的獄中與甥姪書，顏延之的庭誥，蕭子顯的南齊書文學傳論，裴子野的雕蟲論，沈約的宋書謝靈運傳論，鍾嶸的詩品，蕭統的昭明文選，簡文帝蕭綱的答張纘書，與湘東王書，元帝蕭繹的金樓子，都是與「文心雕龍」爭驅並馳的作品。如能比同量異，足以見彼此間的因果關係。稍晚於劉勰的文論家，要算北朝的顏之推了。他的顏氏家訓文章篇，與「文心雕龍」相互映證處甚多，隋唐之際，相傳王通著中說十卷，書中論文之言，顯被儒家思想所籠罩，然論及詩、書二經，其見解又和一般經生不同。值得研究的地方也還不是沒有。盛唐前後，劉知幾史通，雖旨在論史，而史學與文學，其中界限極微，故「文心雕龍」有史傳篇，就是納史入文的證明。子玄自謂書中採掇「文心」以立言，於此也可以看出二劉的相承關係。

近六十多年來，由於學術研究方法的改變，對「文心雕龍」作比較研究的大有人在，如舒衷正先生的「沈約、劉勰、鍾嶸，三家詩論之比較研究」（見民國五十五年五月出版的政大學報第三期），「文心雕龍與蕭選分體之比較研究」（見民國五十二年十二月出版的政大學報第八期），饒宗頤教授的「劉勰以前及同時之文論佚書考」（見大陸雜誌第二十二卷第三期），黃錦鋐老師的「空海文鏡秘府論與文心雕龍的關係」（見民國五十九年十一月淡江文理學院中文系文心雕龍研究論文集），鄭蕤的「試論陸機的文賦與文心雕龍」（見民國六十一年六月光啟社出版之文心雕龍論文集），黃孟駒的「王充論衡與劉勰文心雕龍」（見民國五十六年香港聯合書院學報五期）郭紹虞的「文選的選錄標準和它與文心雕龍的關係」（見民國五十年文學遺產三八七期），文銓的「關於文心雕龍和詩品的異同」（見民國五十八年中國古典文學論文集第二輯）。這些論文僅限於王充論衡、沈約宋書、鍾嶸詩品、空海的文鏡秘府論、陸機文賦、昭明文選等六種而已，其他前期、晚期與同期的相關論著，很多都還沒涉及到，甚而就以上所涉及到的比較研究的結果，也不一定就是千秋定論，所以在這方面，值得我們要做的事情，眞是指不勝屈。

假使我們能博取中西學術研究的方法，從興感上、內容上、形式上、文體上，得出「文心雕龍」與其他相關作品的此果彼因，爲中國文學批評史的發展，鈎出一個具體的輪廓，該是件不朽的盛業。

【附　註】

①見黃叔琳文心雕龍輯注序。

②見王利器文心雕龍新書序錄二十二頁至二十八頁。

③見王更生文心雕龍研究，第十四章文心雕龍在中國文學史上之地位。

一二 「文心雕龍」參考用書簡介

「文心雕龍」既然眾所公認，是一部艱澀難懂的書，所以我們在研讀它的時候，不能不準備幾部參考用書，以備不時之需。可是遍觀近代著作之林，關於研究「文心雕龍」的專門著述，而又算得上首尾完具的，實不下六十種。其中有的着重板本考訂、有的從事文字校勘、有的偏於詁訓文義、有的屬於翻譯評介、有的更專事闡發劉勰的文論思想。各從不同的角度，運用不同的方式，獻身於我國古典文論的大業。不過振衣者必挈其領，舉網者必提其綱，何況學如江海，非一人之腹所能盡飲。所以本人於此為有志於「文心雕龍」，而正想投石問路的讀者們，列舉數種必要參考用書，聊表野人獻曝的誠意。

黃侃「文心雕龍札記」

黃侃字季剛，民國三年至八年（一九一四——一九一九）之間，講文心雕龍於北京大學，作爲札記三十一篇，創見殊多，極爲學術界所重視。民國八年後，先生任教武昌高等師範學校，將札記印作講義。又黃氏於北平時，北京文化學社亦將神思以下二十篇刊布。民國二十四年（一九三五），先生病逝南京後，札記極不易見。五十一年（一九六二），潘師重規，講學香江，教課之暇，因取北京、武昌二本合編付梓。另將其在學時自撰之讀文心雕龍札記三十四條，殿於全書之末，交由臺北文史哲出版社發行，此爲目前最完善之本。過去文星書店於民國五十四年（一九六五），發行文星叢刊，雖曾取北京文化學社本，重新排印，分裝三册，但內中不足之篇數甚多，頗不實用。季剛乃太炎先生高足，對國故之造詣，超邁前修。他這本文心雕龍札記，可以說是對彥和文論思想，闡幽發微，最見功力的一部書。黃先生自謂「…依傍舊文，聊資啟發，雖無卓爾之美，庶幾以弗畔爲賢」，這是很平實的話。我們研讀「文心雕龍」，不可不備。

范文瀾「文心雕龍註」增訂本

此書是繼黃侃札記以後，一部劃時代的著述。范氏文瀾追躡季剛黃氏之門，請益問難，頗有心得，因而聚材排比，前後費時六年（民國八年至十四年）之久，成文心雕龍講疏。民國十四年（一九二五），交由天津新懋印書館印行，二十年（一九三一）北京文化學社再版，二十五年（一九三六）上海開明書店印行，並改爲「文心雕龍注」。四十九年（一九六〇）香港商務印書館又增訂發行。名「文心雕龍注」增訂本，五十九年（一九七〇）臺灣明倫出版社正式開版銷售。目前國內各大學中文系，多採用本書作爲講授的教本。此書首附梁書劉勰傳、黃校本原序以及原校姓氏，次錄范氏注釋文心之例言十條，並錄日人鈴木虎雄黃叔琳本文心雕龍校勘記之第一章緒言，與第二章校勘所用書目，又繼文心雕龍目次之後，附錄文心雕龍注徵引篇目三百五十六種。書末，開明書店編輯部根據涵芬樓影印日本藏宋刊太平御覽，作有校記一文。依照范氏例言上的說法，在校勘方面，他採用黃叔琳校本，孫仲容手錄顧千里、黃蕘圃合校本、譚復堂先生校本，鈴木虎雄校勘記，及趙萬里校唐人殘寫本。注釋方面，更是網羅古今之說數十百家。尤其劉勰文心雕龍原引篇章多所散佚，而范注特將其引文古今可見者，悉加抄入，大省讀者翻檢之勞。惟此書援據用典，間有未審。故中外者若李笠、楊明照、張立齋，以及日本斯波六郎等，均先後著文商榷。不過瑕不掩瑜，在目前來說，仍有它不可動搖的地位。

楊明照「文心雕龍校注拾遺」

此書的最大優點，是將黃叔琳輯注、李詳補注、及楊氏本人之校注拾遺，萃爲一編，不僅極具匠心，並深得著述家之道德，不乾沒前人的成就，最令人欽敬。他本人對劉彥和生平事跡之考訂，不厭其詳。於文心雕龍字辭的校正，更集元刻本、汪一元本、佘誨本、張之象本，兩京遺編本，胡震亨本、凌雲本、合刻五家本、四庫文津閣本、何允中漢魏叢書本、崇文書局本、唐寫卷子本等之大成，旁徵博引，甚見工夫。書前附梁書劉勰傳箋注，書末附劉勰著作二篇，歷代著錄與品評，前人徵引，羣書襲用，序跋，板本。給研究文心雕龍者一極大之便利，洵爲不可多得的作品。我們根據楊明照先生民國四十六年（一九五七）十二月寫的「後記」看來，他在二十四年（一九三五）於重慶大學讀書時，就着手研究，次年（一九三六）完成初稿，後入燕京大學研究院進修，續加增補，直到民國四十年前後才正式印行。五十七年（一九六八）臺灣世界書局翻印出版，並改名爲「文心雕龍校注」。這是楊氏嘔心瀝血之作。在文心雕龍的研究上，爲後人樹立了一個新的斷代。最近我看到上海古籍出版社印行的楊先生著「文心雕龍校注拾遺」，書前增附「敦煌寫本」，「明嘉靖汪一元刊本」「明萬曆張之象刊本」「明萬曆胡維新刊兩京遺編本」「明萬曆王惟儉刊訓故本」「明萬曆梅慶生刊音注本」等數幀書影。目錄之後，正文之前，又印有一篇楊先生於民國六十九年（一九八〇）四月在「學不已齋」寫的「前言」，文章很長，對「校注拾遺」成書的經過，有相當詳盡的介紹。

劉永濟「文心雕龍校釋」

劉永濟原是武漢大學教授，民國三十七年（一九四八）原稿交由正中書局發行，四十六年（一九五七）在臺印行第一版，四十八年（一九五九）上海中華書局又修訂出版。所以目前在臺傳本有二：一、是正中書局民國三十七年發行的老本子，一、是臺北華正書局近年翻印的四十八年的修訂本。這兩個本子在編排上，內容上，都有顯著的差異。書分校字、釋義兩部分，「校字」以黃叔琳本爲主，並參以唐寫卷子本，及宋本太平御覽，其每篇僅就歷來考校欠密而切關文義者，取字三、五數，詳爲探究。「釋義」部分，可區分爲兩截：初明通篇主旨，與各段之大意；次闡述文心雕龍論文之閫奧。提綱挈領，言近旨遠。讀者如能深接玩味，於彥和文論思想的歸趣，一定會有突破性的發現。近讀香港中華書局版「文心雕龍校釋」一書的封裏有「前言」一文，是作者在民國四十八年（一九五九）十月於武昌武漢大學寓樓所寫。內容對本書的寫作過程，及其對「文心雕龍」的各種觀點有較詳盡的說明。

王利器「文心雕龍新書」

這本書原爲香港龍門書店印行。近年在臺也偶而發現，似未公開出售。這是專門校勘文心雕龍的著作。過去西漢劉向校讎中秘，每一書已，輒上呈御覽，命名「新書」。「新書」者，卽唐、宋所謂之「定本」也。今王氏也自名其書曰新書，其自負亦不淺矣。這本書是不是如王氏所說的爲千秋定論呢？依我看來，校書如掃落葉，邊掃邊生，很難說它是有醇無疵，盡善盡美。這一點，我們姑且置而不論。就事論事，王氏在文心雕龍校勘上的貢獻，的確是成就空前。他參考的板本，自唐朝敦煌卷子本，到民國六年龍谿精舍叢書本爲止，凡二十四種之多。此外如果加上採用的古注、輔本、類書、關係書，至少說也有百種以上。他校勘所採行的方法和態度，凡是用對校法能解決的，就用對校法；可用本校法解決的，就用本校法；可用他校法解決的，就用他校法；其有不能乞靈於上述三法的時候，則又很愼重的用理校法去處理。他把這些方法靈活運用，收穫很大，如字形相似而誤的，一字誤爲兩字的，上下文偏旁相涉而誤的等，都經他一一訂正，像這種在一本書上，投下畢生之力，苦心研究，在目前國內學術界來說，還找不到幾個人。書後的六個附錄，對於我們研讀工作的進行，尤有幫助。我相信，祇要你想在文心雕龍研究方面有點收穫的話，「文心雕龍新書」，是不可或缺的要籍。如果沒有它，我們對文心雕龍本文的正誤，可以說就失去了取捨的標準，試問，到了連本文的正誤，都不敢確定的時候，其他諸如文論思想的闡發，便差之毫釐，謬以千里，根本用不到談了。最近上海古籍出版社，於民國六十九年（一九八〇）八月出版了一部命名爲王利器校箋的「文心雕龍校證」。書後附有「元至正十五年刊行之文心雕龍書影」二幀，正文皆直行，並以繁體字印刷。經我核對的結果，這和原由香港龍門書店印行而橫排的「文心雕龍新書」全部相同。

李景濚「文心雕龍新解」

民國五十七年（一九六八）四月，臺南翰林出版社印行了一部李景濚先生著的「文心雕龍新解」，李氏在這本書上，耗費了五年漫長的時光，完成了此一空前未有的巨著。據說李先生當時在南部某中學任教，以一位中學教師，每天於口腹奔勞的餘暇，還能埋首於文心雕龍的翻譯工作，這一種百忍莫怠，兀兀窮年的精神，眞令人欽佩。無疑的在當前文心雕龍普及性的作品萬分缺乏的情況下，他給這個寂寞的園地，平添了不少的勝景。這本書編排的方式，分上下兩欄，上欄是文心原文，下欄是新解。新解者，語體翻譯也。篇末有增注、題解、分段大意。從這種苦心經營上看來，作者確乎下了很多工夫。這是國內學術界以語體散文之形式，翻譯文心雕龍全書的第一部，也是僅此一部。至於郭晉稀先生的「文心雕龍譯注十八篇」，肆意割裂文心原著，卽令其中精言要語，可備參考，因爲不成氣候，只好委屈於李氏新解之後，不單獨介紹了。不過，最近我看到郭先生在民國七十一年（一九八二）三月，由甘肅人民出版社印行的「文心雕龍注譯」，將文心雕龍全書五十篇全部譯注，不僅彌補了過去「十八篇」之闕，且內容詳備，可供參考的地方不少。

王更生「重修增訂本『文心雕龍研究』」

民國以後，海內外研究文心雕龍的論文，到六十五年（一九七六）三月爲止，少說也不下二百五十篇。尤其是最近十年，由於臺灣經濟繁榮，文明日盛，學術研究之風氣，不啻如東昇的旭日，放射出萬道霞光。而文心雕龍是我國古典文論的大宗，留心及之而又有論著發表於學術性刊物者，眞是年有數起，叫人目不暇接。例如張嚴教授的「文心雕龍通識」，是集結了他在大陸雜誌發表的十個短篇而成，內容全屬文心雕龍相關資料的研究。淡江文理學院出版的「文心雕龍研究論文集」，精選了該院中文系九位教授的作品，由於事出多人之手，值得商榷的地方也還不是沒有。至於鄭蕐著的「文心雕龍論文集」，內容只有四個短篇，實在不成規模。所以居今而言，想找一本專門對文心雕龍內容作深廣度而有系統性的研究者，也許王更生先生的「文心雕龍研究」可以彌補你這方面的需求。王氏此書始稿於民國五十八年（一九六九），至六十四年（一九七五）底殺青，前後整整經過六年的時光，結合了十四篇論文。他從劉勰年譜，而文心雕龍的板本，由文心雕龍的美學、經學、史學、子學，講到文心雕龍的文體論、風格論、風骨論、聲律論、批評論。並以「文心雕龍在中國文學史上之地位」一文，僉於全書之末，共四百三十八頁，三十五萬言。文史哲出版社印行。可是甫經出版不久，作者新發現了很多而又必須加以立刻更改的地方。於是經過將近兩年的精思熟慮，或增補其闕，或刪除其蕪，到民國六十八年（一九七九），「重修增訂本文心雕龍研究」正式取代「文心雕龍研究」而正式問世。這是一部把「文心雕龍」當成學術來研究的專門著作。我們不敢說王氏的持論，完全正確無誤，不過就憑他視學術研究如生命，若干年如一日的精神上去觀察，這可能是值得讀者選擇參考的一部作品。

王更生「文心雕龍讀本」

「文心雕龍」向稱奧衍難讀，過去許多學者如黃叔琳、范文瀾、馮葭初、李景濚、李師曰剛以及大陸上的郭晉稀、周振甫、向長清、牟世金、日本的興膳宏、戶田浩曉等人、或注釋、或編譯、或譯爲日文，都曾下過深入淺出的工夫，冀能爲「文心雕龍」的研究，拓展平易可讀之門。近幾十年來，「文心雕龍」之所以受人注目，他們都可以說是盡了最大的心力。回憶在民國六十年（一九七一）前後，王氏於師範大學國文系講授此書的當時，參考用書極不易得，除了從原典中去爬羅剔抉外，幾乎很少有助讀的憑藉，於是決心蒐輯資料，別鑄一部適合初學入門者閱讀的本子。「文心雕龍讀本」·就是這個理想的具體呈現。此書的特色：是依照「文心雕龍序志」上的說法，分全書爲上下兩篇，上篇由卷一原道，至卷五書記。下篇由卷六神思，至卷十序志。每篇二十有五，以符合「文心雕龍」的原貌。內容方面：除目次以外，書首列有自序，例言及原校姓氏。書末附錄劉勰著作二種，劉勰傳略，文心雕龍重要板本與劉勰文心雕龍考評等四部分。又作者基於實際的教學經驗，在「文心雕龍」正文之前有「解題」，文後有「註釋」「語譯」「集評」「問題討論與練習」。正文的眉端上方有「分段大意」，可以說凡足以幫助初學者理解「文心雕龍」的必要步驟，都照顧到了。所以本書在目前來說，應該是一部比較能深入淺出，而又適合多方面需要的入門讀物。

十三　附錄

(一)近六十年來「文心雕龍」研究總結

（原載民國六十三年三月中華文化復興月刊第七卷第三期）

一、前言

文心雕龍爲我國南朝齊、梁時代劉彥和先生的作品，也是我國古典文學理論中最具系統的，而且是空前未有的巨著。關於劉氏生平及其著述本書的緣起，雖然在梁書、南史劉勰本傳上都有所記載，但內容皆略而欠詳。清代劉毓崧先生通誼堂文集曾經著文考徵，今人楊明照先生也作有梁書劉勰傳箋注；可是都因限於史料的殘缺，很難替劉彥和追述正確的身世。半年以前，本人乘授課餘暇，也試撰了一篇梁劉彥和先生年譜稿，登在師範大學國文學報第二期上。我們如果根據這篇年譜稿上所蒐輯到的資料去推算，文心雕龍應該是彥和先生三十二、三歲，仍滯留上定林寺，佐釋僧祐抄撮經藏功畢的時候；也就是齊明帝建武三年，西元四九六年開始撰寫的。到他三十八歲，也就是齊和帝中興元年，西元五〇一年才全部殺青，其間經過了至少六個年頭，全書據統計止三萬七千多字。他行文措辭除了匹儷成采，言近而旨遠以外，凡我國古今相傳的羣經、子、史，幾乎沒有一部不是他搦筆染翰的材料。由先秦以迄六朝，被他評述的經學家、史學家、思想家以及文學家，至少說也在二百五十位上下。這位貫串上古、中古的文學評論名著，從他全書的組織經營上去看，舉凡文學本原，文學體裁，文學創作，文學批評，都提要鈎玄的牽涉到了。清朝章實齋在文史通義上讚他是「體大慮周，籠罩羣言」，信非溢美之辭。至於本書的流傳，迄今雖已有一千四百七十多年的歷史：可是在元、明以前很少有專家學者拿他的文論思想來研究。所以其間約一千年以上的時間，都過着看來似乎被人冷落的寂寞歲月。直到清朝乾隆以後，經過黃叔琳輯注，紀曉嵐評述，文心雕龍的眞價值，才正式被學界所發現。民國開元，文運更新，各大學文科又多設文心雕龍的科目，爲修習文章作法或問津六朝文學的進階，於是蔚然成風，逐漸成爲今日中國文學批評上的顯學。

二、研究角度的轉變

近六十年來文心雕龍的研究，無論是在國內或海外，都有無數默默耕耘的學者在積極從事。他們的研究心得散見於世界各地的書刊雜誌。他們對本書的研究方式，有一個共同的特色，那就是不再遵循清儒訓詁考據的老路子，用讀經的辦法來讀文心雕龍；而是以舊有的注釋爲基礎，再運用近代科學的治學方法，去探討劉彥和的文論思想，冀由這部文論寶典裏，創通一條爲現代中國文學發展的正確指導原則。我們概觀近六十年來文心雕龍研究的成果，有的是從史傳方面，考索劉彥和的生平事蹟，有的是一般性的去通論全書旨要，有的是根據文心雕龍的分類，去探討其文論思想，更有的是因應時代需要，從事今註今譯，或編製通檢、索引以便閱覽；尤其有志於中外文化交流的學者，譯文心雕龍爲他國文字，或彼邦君子熱愛我國古典文論，自動譯成該國語文，以廣流布。這種偉大而具體的研究成果，對中外文學均有決定性的影響和貢獻。職是之故，我們理應予以甄採整理，提供目前學術界、文藝界關心文心雕龍的同好們參考。

現在是一個多元競爭的時代，歐美存在主義的文風挾着濃厚的價值觀念的色彩，衝擊著國內的文壇。在文學作品的形式與內容方面，有若干地方是跟劉彥和當時所處的六朝相類似的。如劉氏批評六朝文家的「競今疏古，好奇反經」，「體情之製日疎，逐文之篇愈盛」的流弊，在今天國內的文壇上，仍然是令人觸目驚心的活躍着。這還是單從劉勰所持的文學批評態度方面去透視，就已經發現文心雕龍的超越性，如我們另由他的文體論、文術論上去剖析的話，我們就更可以發現本書不僅是中國人修習古典文學的法門，同時也是外國人士研學中國文學寶藏的鑰匙。所以本人給文心雕龍作六十年來的研究總結，就此時此地而言，具有三層意義：第一、是想藉着以往研究的豐碩成果，喚起當代作家以及有志從事中外文學批評者，對本書作澈底檢討和重視；第二、是想謹愼擷取文心雕龍中的文論思想，爲我國建立一個富有國族背景的文藝路線；第三、是在現有文心雕龍研究的基礎上，別開新局，作爲文藝復興的依據。

三、搖籃時期的幾部名著

由民國建元到北伐完成（一九一二——一九二八），其間雖不到二十年，可是「五四運動」卻給當時的學術思想界，帶來了極大的震撼。這一原本純粹的政治運動，最後卻轉變成學術性的新文化運動。尤其胡適先生提出文學改良芻議後，新文學的浪潮固然蓬勃滋長，而舊文學的壁壘依舊森羅密布，於是北京大學便正式成了新舊文學交綏的戰場。此時黃季剛先生正講授文心雕龍於北大（由民國三年至八年），在這六年期間，他爲了講授上的需要，作爲札記三十一篇，內容自原道至頌贊九篇，議對與書記二篇，神思至總術十九篇，序志一篇，創解殊多，頗受學術界的重視。民國八年暑後，先生執教於湖北武昌高等師範學校，並將札記印成講義。初黃氏於北平時，北京文化學社曾將神思以下二十篇刊布，民國二十四年（一九三五）先生病逝南京後，札記極不易見，繼由季剛哲嗣黃念識先生編印，作有後記，黃門弟子駱鴻凱撰物色篇札記，也同時殿於該書之末。民國五十一年（一九六二）婺源潘重規老師講學香江，教課之餘，取北京武昌二本合編付梓；另將其本人在學時撰寫的讀文心雕龍札記三十四條，附於黃札之後，潘氏跋語中有這樣的幾句話：「是書雖非完稿，然季剛先生早歲論文大旨，略存於是矣。」回顧民國鼎革以前，清代學士大夫多以讀經的辦法讀文心雕龍，大別不外考據、校勘二途，於彥和文論思想絕少貫通，黃氏札記完稿於人文薈萃的北大，復於中西新故之爭，劇烈衝突之時，因此札記初出，即震驚文壇。從而令學術思想界對文心雕龍的實用價值，研究角度，均作了革命性的調整。故季剛先生不僅是彥和的功臣，尤當奉爲我國近代文學批評界的先驅。

受黃氏影響最大而又繼續研究卓有心得的要算後起的范文瀾，大家都知道文心雕龍自宋朝辛處信爲作校注以後，若明楊用修批點，梅子庚音註，黃叔琳輯注，紀曉嵐評述，多不脫明人圈點評騭的陋規。自清代中葉，中西交通大開，文化交流日趨頻繁，我國傳統的治學方法，輒因受西學的影響而改絃易轍，若經學，若史學，若子學，甚而集部的整理與分析，亦均日新其業。而范文瀾追躡季剛黃氏之門，請益問難，頗有心得，因而聚材排比，前後費時六年之久，成文心雕龍注一部。是書雖以考據校勘爲主，但他旁徵博引，鑄故鎔新的精神與態度，確實在文心雕龍的注釋方面開一新紀元，范氏自述撰寫取材的情形云：「網羅古今之說，不下數百家，詳記注者之姓氏及書名卷數；至於師友之言，亦多甄采，如注中稱黃先生，卽蘄春黃季剛，陳先生，卽象山陳伯弢。」尤其黃氏文心雕龍札記，已於民國八年（一九一八）梓行可觀，而陳漢章伯弢先生之說，幸藉范注得略窺其要眇。再以劉勰文心雕龍所引用的範文成篇大多散佚，范氏此注特將其中存而可見者悉數收爲一編，展卷誦習，大省讀者翻檢之勞。惟此書旣以內容繁富見稱，則其中援經據典，難期無病。故楊明照先生有范文瀾文心雕龍注舉正（見民國二十六年文學年報第三期），日人斯波六郎有文心雕龍范注補正（見民國四十一年，卽昭和二十七年廣島大學文學部中國文學研究室印行），張立齋先生有文心雕龍注訂（見民國五十六年一月臺北正中書局印行），蓋長江大河挾泥沙而俱下，這是不能苛責的。

同期其他的作品，計通論文心雕龍全書大旨的有陳延傑讀文心雕龍，李仰南的文心雕龍研究，陳冠一的文心雕龍分析之研究，楊鴻烈的文心雕龍的研究，吳熙的劉勰研究等，考察劉勰生平事蹟的有梁繩禕的文學批評家劉勰評傳，研究劉勰文論思想的有傅振倫的劉彥和的史學，至於趙萬里先生根據敦煌唐人草書文心雕龍殘卷，作的唐寫本文心雕龍殘卷校記，更是揭開了研究文心雕龍板本的序幕。所以大體上說來，搖籃時期的文心雕龍研究者，已給後人奠定了確實可行的基礎。尤其黃、范二氏的兩部名著，到現在還被講授文心雕龍的學者援為重要依據。

四、抗戰前後「文心雕龍」的研究

由民國二十年到政府三十八年遷臺，其間經過八年的抗日戰爭，抗戰勝利後，又繼之以國共和談。國脈民命在極度的造次顛沛下，已是元氣大傷。雖然在此十九年漫長過程中，我們中國人民嚐盡了艱苦禦侮的滋味；但是在偉大祖國的建設上，這中間包括了國防建設，物質建設，與精神建設。尤其是精神建設，蔣委員長的「新生活運動」實際上已與我固有的歷史文化相結合，我們無不全心全意的澈頭澈尾的去奉行。不要說別的方面，就單拿文心雕龍的研究來說吧，如果從發表過的論文數量上去衡量，較之戰前，誠不算多，而楊明照先生的文心雕龍校注拾遺，與劉永濟先生的文心雕龍校釋，可以說是在當時寂寞的文論園地裏，爲文心雕龍研究而綻放出的兩朶奇葩。楊氏校注拾遺直到民國五十一年（一九六二）十一月，臺北世界書局才把他排印行世，並納入該書局「文學名著」第五集，楊氏撰寫本書極具匠心，不僅對劉彥和生平事蹟的考徵不厭求詳，而於文心雕龍本文的校勘，更集元刻本、汪一元本、佘誨本、兩京遺編本、胡震亨本、凌雲五色本、合刻五家本、四庫全書文津閣本、何允中漢魏叢書本、王謨漢魏叢書本、湖北崇文書局本、唐寫卷子本等的大成，可稱得上旁徵博引了。是書除了將清黃叔琳輯注，以及他本人的校注拾遺萃爲一編之外，並在書首收有文心雕龍五十篇目錄一卷，梁書劉勰傳箋注一卷，書末附列引用書目一卷，劉勰著作二種，歷代著錄與品評，前人徵引，羣書襲用，序跋，板本，合而爲六種九卷。尤其特別難得的是民國紀元前三年（一九〇九），李詳作的文心雕龍黃注補正，原發表於國粹學報第五年的第八、九、

十二、十三號，以及第七年的第五號上，因爲文不單行，很難蒐求，今楊氏也把他收入這本校注拾遺中，與黃叔琳注平分秋色，極便讀者的研索。他這種嚴格分類的編排方式，一方面使文心雕龍發生了縱貫的連鎖，另一方面也把環繞着文心雕龍爲中心的資料，作了横面的結合，眞有一卷在手，百家炳煥的感覺。

和楊氏校注拾遺同期或稍前發表的，並由另一角度來研究文心雕龍的成功之作，要推劉永濟先生的文心雕龍校釋，民國三十七年（一九四八）十月正中書局正式發行，四十六年（一九五七）正中書局在臺發行第一版，並列爲「中國文學史叢書」之一。據劉氏自稱著述本書的目的，「原爲大學諸生研習漢魏六朝文者之助。」故其爲講論便利計，於文心雕龍原有的五十篇次第，略加更易，即首列序志，次錄原道以下五篇，然後再先下篇後上篇，這是本書在編排上的一大特色。至於寫作的體例，大別分校字、釋義兩部分，校字雖自云取材宏富，實際上不過是就每篇擷取字詞三數，加以推闡而已。本書最重要的部分還是釋義；釋義分兩截，初明通篇與分段大旨，再闡述文心雕龍論文的要義，雖是提綱挈領，卻言近旨遠的替讀者豫先鉤出一個輪廓。如我們能深接玩味，以此爲研讀文心雕龍的橋樑，則於彥和的文論思想當不至泛濫無歸。

其他尚有葉長青先生的文心雕龍雜記，莊適先生的文心雕龍選註，率偏重於考據或訓釋，見地不多。至於吳增益先生的文心雕龍中之文學觀，馬敍倫先生的文心雕龍黃注補正，劉節先生的劉勰評傳，現在多存空目，已很難看到原作的眞象了。徐復先生寫的黃補文心雕龍隱秀篇箋注，載於民國二十七金陵學報卷八第一、二期合刊本上，註釋詳明，倒是繼黃補隱秀篇後，最成功的一篇明快文字。前年香港某書店有文心雕龍選注的出版，其中轉載黃侃隱秀，趙西陸箋註，我覺得趙箋疏而欠周，不逮徐作遠甚。

五、「文心雕龍」研究在臺灣

自民國三十九年三月一日先總統　蔣公復行視事以後，迄今已有二十多年，臺灣早已形成自由世界在西太平洋防線上的堅強堡壘，是大陸上億萬同胞精神之所繫。由於政府實行土地改革，經建計劃的高度成就，因而經濟繁榮，社會安定，學術文化界也同時充滿了欣欣向榮的朝氣，關於文心雕龍的研究，由於各大學主其事者的全面推動，以及學術文化界對文藝創作的竭力提倡，而文心雕龍的內涵又適與此一時代精神相脗合，所以起而對他發生興趣的人也越來越多，這中間值得特別一提的是師大、臺大與淡江三所大學校院。師大早期講授文心雕龍的教授，首推潘重規老師。潘師以後是高仲華老師，高老師一度講學香江，繼由李健光老師、方遠堯老師擔任，一直到現在。他們都曾親炙季剛先生的教誨，爲近代國內有數的文心雕龍研究的學者。潘氏曾於民國五十九年九月經香港新亞研究所出版一部唐寫本文心雕龍殘本合校，他以殘卷與俗本相勘覈，爬羅剔抉，每多發明。綜計他所得的成績，有原道篇一條，徵聖篇三十二條，宗經篇三十九條，正緯篇三十一條，辨騷篇四十五條，明詩篇四十九條，樂府篇四十九條，詮賦篇四十五條，頌讚篇四十八條，祝盟篇六十條，銘箴篇四十九條，誄碑篇四十九條，哀弔篇三十五條，雜文篇四十八條，諧讔篇一條，共五百七十七條，爲從來以唐寫校俗本之最完備者。利用敦煌資料，有功於現代學術，這可以說是潘師最具體的貢獻。高老師對文心雕龍的卓識，可由他編的中國文學理論研究講義（見師大國文研究所講義）裏看出來。其中尤其關於文學批評的態度，文論思想的演進，文心雕龍的內容，以及與西洋文學批評的比較等，可以說最是他會心有得的地方。至於李健光老師的文心雕龍斠詮（見師大國文研究所國文系講義），是他十五年來講授文心雕龍的心血結晶，稿草屢更，不願輕易出版，雖經諸生再四敦促，總以內容未備婉辭。近數年他又在國文研究所，講授文心雕龍研究，所印發的講義，匡補增訂，較諸以往，益臻密備。他斠詮文心雕龍的體例是這樣的：每篇首列題解，題解以後附原文，原文之下爲直解，然後再殿以校勘、注釋與分析，每下一義，確能博采眾長，每校一字，必通引中外各家之說相比勘，所以他這部巨著實有黃札、范注、劉釋、楊校的優點，今後文心雕龍的研究，或將由李氏斠詮的帶動，提昇到一個嶄新的境界。臺大廖蔚卿先生也是一位鍥而不捨的文心雕龍研究的播種者。他十數年如一日的研究精神，令人欽佩。他早期的相關作品，如劉勰的風格論、劉勰論時代與文風、劉勰的創作論，前兩篇載大陸雜誌，後一篇刊登於文史哲學報，其中以劉勰的創作論一文最是能見大體。廖先生該文的開端說擬有文學概論之作，想必早經出版。淡江文理學院前年成立文學部，文學部中附設中文研究室，擬爲進一步擴充作準備，當時曾延攬莊學專家黃錦鋐老師親主其事。黃先生畢業師大，游學日本，於滯留日本京都大學期間，專門從事蒐輯六朝文獻的工作，其中有關莊學方面的資料自不必說，就拿文心雕龍方面的資料來談，也可說是相當豐富。黃氏就以這些資料爲支柱，展開了對文心雕龍研究的計劃，民國五十九年，中文研究室首先出版了一部文心雕龍研究論文集，集中有施淑女、韓耀隆、黃錦鋐、王仁鈞、胡傳安、傅錫壬、王甦、唐亦璋等八位教授的傑作。最近據聞已經付印，並卽將問世的另一部文心雕龍集注，更是淡江中文研究室先生們的精品，我們當拭目待睹，樂觀其成。臺南成功大學有位張敬宜先生，民國四十五年前後，在大陸雜誌曾連續發表了十個短篇，都是有關研究文心雕龍的文章，五十八年他輯爲文心雕龍通識，交商務印書館發行，六十二年三月，張氏又著文心雕龍文術論詮，內容包括神思以下二十五篇，鎔舊裁新，逐一詮論，可說是一部別開生面之作。政治大學張立齋先生於民國五十六年有文心雕龍註訂之撰，張氏自敍謂：「范注缺乏精采，雖便翻檢，而拙於發明，少有折衷，而務爲博覽，體要似疏，附會嫌巧，所以作註訂以正諸本之訛失，與補其所未備……」實際上，行文簡要是張氏註訂的佳處，至於正譌補闕，也許尚待進一步的努力。王夢鷗先生的文學概論爲本人所諗習，以從事新文學的觀點，運用西方語意學的眼光去研究文心雕龍的，王氏算是第一位。他在故宮圖書季刊、中華文化復興月刊、政大學報均有論文發表，文中於劉勰的文論思想，特殊創見，寫作技巧，都曾廣泛的涉及。

其他有關文心雕龍研究的論著，散見於各報章雜誌的有熊公哲老師的劉勰評傳，黃振民先生的劉勰風骨論發微，徐復觀的文心雕龍的文體論，李宗瑾的文心雕龍文學批評研究，文心雕龍原道辨，華仲麐老師的文心雕龍要義申說，杜松柏先生的文心雕龍批評論，莊雅洲先生的劉勰的文原論，王讚源的文心雕龍知音篇探究，以及王更生的文心雕龍聲律論，文心雕龍風骨論，文心雕龍史傳篇的考察，劉彥和的子學，梁劉彥和先生年譜稿等，黃春貴的文心雕龍創作論。綜計上述，凡關於文心雕龍的文原論、文體論、文術論、文評論，幾無一沒有專門性的論文在討論。

另外值得一提的是文心雕龍的今註今譯，民國五十七年四月李景濚先生自言，以五年困學的心得，寫成一部文心雕龍新解，雖然本書在校勘、注釋、譯白、各方面需要討論商量的地方還很多，但在文心雕龍的普及性的著述萬分缺乏的情形下，本書總算給這個蕭索的園地，平添了一段勝景。

六、大陸學者研究「文心雕龍」的成果

大陸易手後，學術界在馬列的教條主義，和毛語錄的嗾使下，早已沒有獨立的思考可言，我們從文心雕龍的研究方面去觀察，也可一葉知秋，得到明顯的確證。在一九六五年以前，也就是中共文化大革命以前，對劉彥和文心雕龍確曾掀起研究批評的高潮。

在這些批判的文件中，中共作家們妄以爲得到兩個結論：一、由劉彥和的家貧不能婚娶，認定劉氏爲一無產階級的文論家，二、由於劉勰的文學批評重視文學作品與自然環境的關係，因而確認劉勰文論思想絕對是唯物主義。大陸作家們在政治掛帥、向人民學習的兩大口號下，他們不惜歪曲事理眞象，竄改劉勰的史傳，故意的把劉勰著文心，看成是爲無產階級專政服務，向貴游文學開刀的劊子手。事實上我們只要一讀梁書劉勰傳，或本人著的梁劉彥和先生年譜稿，便知道劉勰是漢齊悼惠王肥的裔孫，劉靈眞的孫子，劉尙的兒子，其叔祖劉秀之還擔任過南朝宋的司空之官，他父親也曾做過劉宋的越騎校尉，父死母歿，家道中落，可是在劉勰以文心雕龍干驃騎司馬沈休文以後，梁天監初年，即起家奉朝請，天監三年任中軍臨川王記室，四年遷車騎倉曹參軍，七年出任太末令，十年除仁威南康王記室，十六年，也正是劉彥和五十四歲的那一年，又兼任了東宮通事舍人，與蕭統及文選樓諸公過從至爲密切。所以他不僅是系出名裔，世代書香，同時其本人也身霑朝廷的雨露，又怎能算得上是無產階級的文論家？再說劉勰的文論屬性爲唯物思想一節，他們的持論，多半根據文心雕龍的物色篇。物色篇的主旨，依照駱鴻凱札記、劉永濟文心雕龍校釋，本篇旨在申論作家內情與外境交融的關係，無論如何也與唯物思想扯不上關係的。以下我們姑且拿陸侃如、郭紹虞兩位先生的研究作爲說明的實例：陸氏在民國五十二年（一九六三），於文史哲學報六卷三期發表「文心雕龍論道」一文，他廣徵博引得出三點結論：卽一，劉勰的基本思想旣非唯心，亦非唯物，而是心物平衡。二、劉勰以爲儒家之道與佛家之道，均符合自然之道。三、自然乃客觀事物，道卽原則或規範，文學符合自然之道，亦卽符合客觀事物之原則或規範。所說本極平實，可是不久就在同一刊物上連續發表了張啟成、龔仁貴、子賢、謝祥皓四位的「關於文心雕龍的道的討論」一文，針對陸作，大施批判。再一位是郭紹虞先生，郭氏在早期所著的中國文學批評史中，不將劉勰文心雕龍另列專章敍述，有人便斥其不合共產黨的現實文藝路線。郭氏不得已，特著「關於文心雕龍的評價問題及其他」一文，發表於民國四十五年（一九五六）文學遺產第一二一期，以答覆某君的質疑。他在文末歸納中的措辭語調，還是相當強硬，他說：「說到批評家的態度，必須透澈理解文心雕龍全書文義，不可執一隅而擬萬端。其次必須就事論事，不可無中生有，或張冠李戴，亂揹帽子。」事隔半年，也就是民國四十六年（一九五七）九月出版的文學遺產第一六六期上，便刊出了毛任秋先生的「關於劉勰的文學批評理論與實踐」。作者反覆駁斥郭文反現實主義與唯物辨正法的不當。同年八月文學遺產第一七〇期，郭氏又有「答毛任秋關於劉勰的文學批評理論與實踐」，他在文中說：「我在關於文心雕龍的評價問題及其他一文中，不可能對於文心雕龍作全面的介紹，也就是說不可避免對於文心雕龍只作片面的論述，這是論述的範圍不同，寫文的目的要求不同，所以並不是自相矛盾，也不是唯心唯物立場觀點方法的關係，所以我也許會和毛先生的意見有一些出入，希望毛先生在讀了此文之後，再加以批評；這樣可以使我對具體問題的研究上，進一步理解到究竟應當怎樣運用唯物主義的觀點立場和方法」。這簡直是向毛氏宣布無條件投降，定非郭氏由衷之言，由此可見中共為政治目的而犧牲正確的文論思想的眞象了。文革期間，大陸作家對文心雕龍的研究，頓成絕響，六、七年以來，未見發表過有關的片文隻字，就連以往所殘存的一點兒萌蘖，也被摧毀殆盡，眞令人言之痛心。從前其他討論文心雕龍的文章，有曹道衡先生的「對劉勰世界觀問題的商榷」，王元化先生的「明詩篇山水詩與起說揀擇」，黃海璋先生的「劉勰的創作論和批評論」，寇效信先生的「論風骨」，吳林伯先生的「試論劉勰文學批評的現實性」，佩之先生的「文心雕龍的批評論」等，至於郭晉稀先生，著有文心雕龍譯註十八篇一書，香港龍門書店印行，如由該書「前言」

與每篇譯註的「解題」方面去審視，其中充滿馬列了思想和共產黨的教條主義。本文寫到這裏，讀者諸君就可以瞭解到近二十年來大陸上的中共學術界，對文心雕龍的研究情況爲如何了。

七、海外「文心雕龍」研究的拓荒者

我國高級知識份子，旅居海外，心向祖國，他們一方面爲自己的實際生活，在異域的現實環境中掙扎搏鬥，另一方面他們惜取賸餘的勞力，從事專門學術的研究，向海外播殖中華文化的種子，文心雕龍的研究，便是其中的一例。就拿香港來說，香港大學中文學會在饒宗頤先生的主持下，於民國四十五年（一九五六年）曾編印一本文心雕龍研究專號，將他們歷年有關文心雕龍研究的心得，悉數收入；總其內容大要，計有饒宗頤先生的「劉勰的文藝思想與佛教」、「文心雕龍探原」、「劉勰以前及同時之文論佚書考」、黃繼持先生的「文心雕龍與儒家思想」、「劉勰的滅惑論」、李直方先生的「近五十年來文心雕龍書錄」，以及饒宗頤、黃繼持、李直方合著的「文心雕龍集釋稿」與「唐寫本文心雕龍景本」等，在香港某大學講學的程兆熊先生著有「文心雕龍講義」分段疏解，頗便初學，民國五十二年（一九六三）委託香港鵝湖學社出版。講學於新亞書院的蒙傳銘先生，於民國五十八年（一九六九）發表「劉毓崧書文心雕龍後疏證」，這些很有份量的作品，都或多或少的引起海內外文教界的注意。另外現任美國西雅圖華盛頓大學遠東系教授的施友忠先生，於民國四十七年（一九五八）在華大研究基金的獎助下，以兩年時間，完成了一部英譯本文心雕龍（The Literary mind and The Carving of Dragons），次年交由哥倫比亞大學出版部印行，並列爲該部「文化叢書」之一。民國五十九年（一九七〇）施氏徵得哥大出版部的同意，收回版權，乘休假來臺之便，將該書交由國內中華書局印行再版，並改爲中英對照。此書共三百八十三頁，書前附民國四十六年（一九五七）英譯本文心雕龍出版說明。自從在國內發行後，已廣泛引起學術界人士的注意，如英籍學者大衞・哈克斯(David Hawkes)，美國哈佛大學中文系教授海陶瑋（James R Hightower），臺大中文系教授鄭騫，均有中肯的評述，他們一致認爲此書不僅有助於向西方學者，介紹中國文學理論，而對國內學者閱讀古籍，亦極具啟發作用。吾友沈謙先生近著評施撰英譯本文心雕龍一文，載於民國六十二年（一九七三）一月號的書評書目，對施譯本之成書體例，根據的底本，翻譯的技巧，三方面加以評介，舉證確鑿，持論允當，足令譯者領首會心。這些爲祖國偉大文化的發揚而獻身的專家學者，他們窮年兀兀，皓首論述，使劉勰的文論思想，跨過東方語文的界閾，正式躋身於世界文學批評理論之林，這種拓荒的精神，令人衷心敬佩。

八、日本方面「文心雕龍」研究的名家

日本學術界於文心雕龍的研究，近六十年來不遺餘力，尤其當鈴木虎雄先生作唐寫本校記以後，如太田兵三郎、戶田浩曉、加賀榮治、岡村繁、目加田誠，斯波六郎、林田愼之助、興膳宏諸君，或諟正文心雕龍的字詞，成詮釋他的文義，或考徵他的板本，或編製閱讀索引，或翻譯爲語體，均運用新方法，整理此部古典文學論著。闡幽發微，足資國人借鑑的地方很多。在這裏因限於篇幅，不暇多舉，僅將鈴木虎雄、戶田浩曉、斯波六郎、林田愼之助、興膳宏等五位先生的成就，加以介紹。

鈴木先生是彼邦學術界研究文心雕龍的先驅者，他在民國十五年，卽昭和元年（一九二六）五月作「文心雕龍唐寫本校記」（見昭和元年內籐博士還曆論叢。更生案：所謂內籐者，卽內籐虎次郎先生，范文瀾文心雕龍注曾有過這樣的一段記載：「文學博士

內籐虎次郎自巴黎將來（指敦煌本文心雕龍殘卷），余與黃叔琳本對比，大正十五年五月（卽昭和元年），既有校勘記之作，今之所引，止其若干條耳，余所稱敦本者，卽此書也。」這是唐寫本文心雕龍殘卷，自不幸被匈牙利人斯坦因盜竊，藏於倫敦大英博物館後，正式公諸東方的文獻，而又以之作校勘記，此實乃第一次。遂卽引起世界文學界廣泛的注意。我國趙萬里先生「唐寫本文心雕龍殘卷校記」，發表於民國十五年六月，清華學報三卷一期，較鈴木君的大作遲一個月）。隨後在民國十七年（一九二八），亦卽昭和三年，作黃叔琳文心雕龍校勘記，至於校勘所得的收穫，據他在該文的緒論上說，已超過六、七百條之多，這個成績算得上煥然可觀。戶田浩曉是日本近代有數的文心雕龍專家之一，他發表過的專門著述，如「文心雕龍練字篇之現代的意義」，「文心雕龍に観る文章載道の構造」，「黃叔琳文心雕龍校勘記補」，「文心雕龍何義門校宋本考」，「文心雕龍練字篇之修辭學的考察」，以及「關於岡白駒之文心雕龍開板」，「關於文心雕龍梅慶生音註本之異板」，「讀楊明照文心雕龍校注」，「文心雕龍譯註試稿」，其中文心雕龍譯註試稿，於民國四十九年，卽昭和三十五年（一九六〇），經立正大學漢學研究會發表。內容首在訓讀文心雕龍原文，次通釋，次字句摘解，末爲校異。其譯註與校字所引用參考的中日名著多達三十五種，這是戶田君最具代表性的研究文獻。斯波六郎對文心雕龍研究的成名作品，要算是他在民國四十二年，即昭和二十八年（一九五三）所發表的「文心雕龍札記」，本文曾分章刊登於支那學研究第十號、十二號、十五號、十九號上，其體例形同講疏，將文心雕龍五十篇分段闡釋，揭其微旨，明其文理，析其法式，頗多新的見地，值得國內同好借鑑。林田愼之助畢生從事文心雕龍的研究。林田君的著作有「文心雕龍范注補正」，「文心雕龍文學原理論の諸問題」，而以「范注補正」最具系統。究其大要，在補范注之闕而正其所未備，引據十分中肯，這是最令人欽佩的。至於興膳宏君，他對文心雕龍最大的貢獻，是文心雕龍日文譯釋與索引的編纂。二書合爲一册，筑摩書屋印行，裨益於劉勰文論思想的推廣，功不可沒。據聞日本文部省不僅對文心雕龍的研究，設有專款獎助，同時各大學所謂「支那學」研究室，對我國及世界各地相關資料的蒐集的完備，洵稱第一。「他山之石，可以攻錯」，目睹日本學術界在文心雕龍研究上的高度的收穫，我們不能光是臨淵羨魚，還要趕快的歸而結網啊！

九、有關「文心雕龍」兩個古本的說明

一般從事學術研究的先決條件是資料的營聚，與研究人員本身組織和創作能力的培養。沒有可靠或豐富的資料，決談不上推陳出新的創見；沒有專業人員的研究，或專業人員缺乏研究的素養，更永遠沒法帶向理想的高峯。那麼關於文心雕龍的研究亦自不例外。談到文心雕龍的研究，首先要重視校勘，如果對於本文的校勘欠精，以至於信僞迷眞，難免不造成以訛傳訛的謬說。諸如施友忠先生的英譯本文心雕龍，李景濚先生的文心雕龍新解，彭慶寰先生的文心雕龍釋義，都犯了校而不精的毛病。所以我們談到校勘文心雕龍，有兩個古本不能不注意。這兩個古本一是手抄本，一是單刻本。手抄本之最早者，莫過於唐寫本文心雕龍殘卷，單刻本之最早者，目前在臺灣莫過於明朝弘治甲子馮允中本，以下分別言之：

唐寫本文心雕龍殘卷又稱敦煌卷子本，爲唐人草書，根據楊明照先生題記上說，唐人草書殘卷本，敦煌莫高窨舊物，不幸被匈牙利人斯坦因竊去，今藏英國倫敦博物館之東方圖書室，起徵聖篇，訖雜文篇，原道篇存讚文末十三字，諧讔篇止有篇題，餘皆亡

佚。楊氏並由卷中淵字、世字、民字的闕筆，張昶誤爲張旭推之，以爲當係玄宗以後的產物。唐人草書殘卷的眞跡，旣藏於英倫，目前在國內幸有潘重規老師的唐寫本文心雕龍殘本合校，末附該殘本的影印放大照片，字體淸晰，如面原鈔。其次根據王利器先生的文心雕龍新書序錄，說他校勘文心雕龍時確知有一些材料，而未得徵引的共有七種，其中第一種就是前北京大學西北科學考察團團員某，藏唐寫本，約長三尺。此三尺長之唐寫本文心雕龍殘卷，據合理的推斷，必非斯坦因所竊而現藏英倫的唐人草書殘卷，或係啣接在英倫藏本的後面，由諧讔篇至序志篇的一部分，亦未可知。果然，則唐寫本文心雕龍將如破鏡之重圓。我們很希望這兩個殘卷早日璧聯珠合，使文心雕龍的研究，因唐寫本的完整出現，有劃破靑天的新發明。不過王利器先生身在大陸，卽有不易索借的遺憾，何況我們寄居臺澎，更是可望而不可及了。

至於文心雕龍的單刻本，首推阮華山、胡夏客的宋本文心雕龍，及元至正乙未嘉禾本文心雕龍爲最早。惟根據各種書志的記載，除元至正嘉禾本尙幸存人間外，其他多史存空目，久無原書了。而元至正嘉禾本據王利器先生文心雕龍新書序錄上的說法，「此刻是元至正嘉興郡學刊本，每半葉九行，行十七字，現藏北京圖書館今稱傳校元本，」

我們又從張金吾的愛日精廬藏書志卷三錢允治跋語中，知道元至正嘉禾刻本是據阮華山宋槧爲藍本開雕的。目前在臺灣宋本既不可睹，元本復陷北京，退而求其次，只有明弘治甲子吳門本文心雕龍爲最早的單刻本了。民國四十五年香港饒宗頤教授著唐寫本文心雕龍景本序，云「文心宋本，今不可見，故宮週刊第五十六期有宋版文心雕龍景片（第一版），不悉何本。明刊入校者，楊明照校注與王利器新書序錄，僅引嘉靖庚子（一五四〇）新安汪一元刊本而止。然前乎此者有弘治甲子（一五〇四）馮允中吳中刊本（見本刊封面），友人神田喜一郎博士藏有其書，其𢀖盦藏書絕句謂：『至珍馮本同球璧，除卻唐鈔孰能科』者也（此本卷末有『吳人楊鳳繕寫』一行，天祿琳琅書目著錄誤以爲元版）。允爲唐鈔以後最重要之本子。」如依饒先生此文，則明弘治甲子吳門本已淪入日人神田君之手，而神田君亦視同拱璧，自認唐鈔以後，莫此最古。茲姑不論北京圖書館藏元至正嘉禾本（一三五五）早過明弘治甲子吳門本一百五十年，單就明弘治吳門本言，神田君之視同球璧者，在我國故宮博物院藏所謂「明本文心雕龍十卷，二册」，被後人以明版誤作元版者，卽係甲子吳門馮允中刻本。清末葉德輝書林清話卷七，於「明人刻書載寫書生姓名」一節，對天祿琳琅書目續編的錯誤，曾有考辨，不贅。今故宮所藏此刻，爲昭仁殿舊藏，書中序跋均無，半葉十行，行二十字，書首目錄頁蓋有藏書家的印章不下二十多枚，玆列舉其中最醒目者，如「天祿琳琅」，「天祿繼鑑」各朱記，並「長洲吳氏」，「吳興趙氏」，「古注史錢籍」，「謙牧堂」等各收藏家的印章。更在首頁上緣的護書空白處，蓋有「五福五代堂寶」，「太白皇帝之寶」。從加蓋印璽之多上看來，足徵本書受歷代珍寶爲何如。其第十卷之末刻有「吳人楊鳳繕寫」，時故宮典藏股吳哲夫先生也面告本人，書實明版無疑，拿它與饒宗頤教授所錄，神田君所藏的版片相驗，筆者斷言故宮明本文心雕龍十卷，與神田君藏本纖毫不差。今元版難得，明弘治本已成拱璧，故宮既存此珍寶，有志從事文心雕龍校勘的同好，就不必再乞靈於東瀛了。

十、結　論

綜觀近六十年來文心雕龍研究的成果，先由於研究方法和觀念的改變，影響到內容和思想的改變，由內容思想的改變，帶動了寫作形式的改變；換言之，也就是由訓詁考據的讀經階段，過渡到分門別類的研究里程；使古典文學的理論，透過科學分工的形式，與現代實際人生相結合，我覺得這該是一項重大的收穫。在這中間幾部最值得一提的著述和論文如：在文心雕龍的文字校勘方面有王利器先生的文心雕龍新書。在文心雕龍的注釋方面：前有范文瀾先生的文心雕龍注，後有李曰剛先生的文心雕龍斠詮。在文心雕龍的板本方面：有潘重規先生的唐寫本文心雕龍殘本合校。在闡揚文心雕龍的文論思想方面：有黃季剛先生的文心雕龍札記，劉永濟先生的文心雕龍校釋，在文心雕龍的綜合研究方面：有楊明照先生的文心雕龍校注。在文心雕龍的語譯方面：有李景濚先生的文心雕龍新解。在文心雕龍的索引方面：有巴黎大學漢學研究所出版的文心雕龍新書通檢。在文心雕龍文論的傳播方面：有施友忠的英譯本文心雕龍，與膳宏的日譯本文心雕龍。在文心雕龍作者劉彥和先生的身世考察方面：有王更生的梁劉彥和先生年譜稿。有的是折衷各家，取精用弘；有的是窮搜冥索，觀瀾尋源；有的是原始要終，發微闡幽；有的是因文求義，推陳出新；有的是譯爲外文，便於流傳；有的是追討譜系，知人論世。都能各就自己的所好，滙聚涓流，以成江河，使文心雕龍得爲中國當前文論中的顯學者，以上各家都盡了催生的力量。我們雖然欣慰於既往的文心雕龍研究的成就，但是文心雕龍畢竟是一部文論名著，而劉彥和先生的文論思想是與現實相結合，通今古之變的，所以書中有辨騷篇、通變篇、時序篇，來證明「設文之體有常，變文之數無方」的道理。因爲以往仍然太重視靜態資料的整理，而缺乏動態資料的研究。由於過份的強調靜態，則有關文心雕龍研究成果，依舊局限於該書五十篇本文的探討；如果我們能掌握文心雕龍的動態性，打破時空的局限，那麼我們就要有「海濶天空任鳥飛」的理想與抱負。一方面我們蒐討西洋文學批評理論如：法國的聖佩甫（Charles Augustin de Sainte-Beuve）、泰恩（Hippolyte Adolphe Taine）、法郎士（Anatole France）與拉美特爾（Jules Lemaitre），英國的阿諾德（Matthew Arnold）、佩特（Walter Haratio Pater）、與王爾德(Oscar Wild)、美國的羅威爾(James Russell Lowell)、愛倫坡（Edgar Allan Poe）、韓內克（James Gibbons Huneker）、孟肯（Henery Louis Mencken）等，與劉彥和先生的文學理論作比較研究；然後採長補短，作爲攻錯的參考。另一方面，我們更可以取當代文學作品，用文心雕龍的批判理則，去權衡鑑賞，作爲激濁揚清，培養高尚文學水平的準矩。很慚愧的是這兩方面我們做的工作實在太少，這也是我前面說過的，一般人太局限於靜態研究的關係；結果便忽略了動態的靈活的運用。不要說將他來與現實的文學創作相結合，就是明清以前的文學遺產，文家也很少有系統的援引文心雕龍的理論，作爲品評的依據的。面對着歐美基督教文化和共黨馬列教條主義的雙重衝擊，中華民族的歷史文化又一次面臨了重大的考驗時，回想劉勰以文學理論濟世的憂患意識，如果我們能在現有文心雕龍研究的基礎上，恢廓而揀擇之，則我們中國今後的文藝創作，必能推陳出新，找到它永不枯竭的本源活水。

㈡最近（一九七四～一九八七）國內外研究「文心雕龍」概況

在我整理十年前出版的「文心雕龍導讀」時，讀到書末附錄「近六十年來文心雕龍研究總結」的時候，發覺手邊又集結了許多國內外的新資料，例如國內東吳大學的文學博士王國良的「劉勰『文心雕龍』研究論著目錄」，日本學者戶田浩曉的「文心雕龍小史」，岡村繁的「日本研究中國古代文論的概況」，大陸學者牟世金的「文心雕龍研究的回顧與展望」，王麗娜、林維洙二人合著的「國外對文心雕龍的翻譯和研究」，另外還有在日本京都大學任教的釜谷武志寫的「日本研究文心雕龍簡史」。對最近國外研究「文心雕龍」的概況，均有不同角度的報導，可供國內學者借鑑的地方很多，而國內的研究成果，也足以讓國外學者去參考。所以特別把手邊的資料去其複重，別其條目，有系統的加以整合，不僅從中可以看出「文心雕龍學」研究的國際走向；同時，更對本人十年前的拙作「近六十年來文心雕龍研究總結」，有後續性補充的價值。

一、「文心雕龍」在世界百科全書中的地位

在世界各大百科全書中，「文心雕龍」所佔的地位，可以明顯地看出端倪來。如「大英百科全書」在介紹中國六朝文學時說：「文心雕龍是第一部用駢體文寫成的關於文學理論批評的長篇著作。」在這裏它說明了「文心雕龍」的書寫文體和內容性質，以及篇幅的長短，和推爲中國空前未有的文學理論批評專著。「美國大百科全書」在介紹中國中世紀文學時認爲：「文心雕龍是一部重新估價古代文學，也嚴肅批評當代文學的內容深刻的作品。」又把「文心雕龍」指認爲是中國一部文學批評方面承先啟後，繼往開來的作品，不僅對古代文學有重新的估價，同時，對六朝文學也具有權威性的批評。「法國拉魯斯大百科全書」在介紹中國古代散文時寫道：「在那動盪不安，但卻有利於思考的時代，最初的文學批評論著的產生，並不令人感到意外。文人們意識到文學不僅僅是一種教育的手段，同時也是一種藝術。因而他乃力圖給文學的準則下定義，在劉勰所撰寫的散文體（駢體文）著作『文心雕龍』中，作者在五十個章節裏，以一種時而隱奧，時而簡潔並富於象徵手法，描寫了文學的各種不同體裁的起源，以及產生靈感的精神基

礎。」在他們對我國散文、駢文體裁不分的說明中，以爲時代背景與文人意識的覺醒，促成了「文心雕龍」的瓜熟蒂落，並對書中的「文體論」和「創作論」兩部分有明確的肯定。而劉勰的行文技巧，也受到相當程度的注意。「日本大百科事典」，民國六十四年（一九七五）版第二十七卷，有斯波六郎先生撰寫的關於「文心雕龍」的專門辭條。在這一條中，斯波先生對劉勰生平事迹和「文心雕龍」五十篇的內容，都作了概括性介紹。其中還提到「文心雕龍」成書的年代，和它對「昭明文選」的選文標準，以及後世文學理論的發展，都有積極的影響。這是一篇具有深度廣度的介紹文字。至於我們國內，在文化大學出版的「中華簡明百科全書」中，有王更生撰述的「文心雕龍」條。該條首先說明作者劉勰的家世、生平以及該書內容組織，最後並云：「全書五十篇由文原論而文體論而文術論而文評論而緒論，舉凡一切關係文學之事，均以深入淺出，提要鉤玄之方式加以說明。其不僅創局弘富，籠罩羣言，尤爲千古文論之宗主。蓋前乎劉氏者，固悉爲其所包容；後乎劉氏者，則莫不資以爲沾溉。綴文之士，苟欲希風前秀，流聲翰苑，未有舍此而別求津逮者。」此說可以代表一般研究「文心雕龍」的看法。足見「文心雕龍」在國內學術界的地位，和它對中國文學的深遠影響爲如何了。

二、「文心雕龍」在「中華民國臺灣」

國內學術界人士向來對「文心雕龍」的研究，都給予很大的關注，筆者曾在民國六十三年（一九七四）三月於「中華文化復興月刊」第七卷第三期寫過一篇「近六十年來文心雕龍研究概觀」（後更名爲「近六十年來文心雕龍研究總結」，爲本書的附錄㈠），曾對國內外研究「文心雕龍」的概況，作過鳥瞰式的巡禮。據我這些年來經眼的資料來看，自拙作經「中華文化復興月刊」刊出後，廣受海內外同道先進們的關注。現在距離該文刊出之時已逾十年以上。十年以來「文心雕龍學」無論是在國內或國外，都發生了很大的變化，更有的地區成立專門的「雕龍學學會」，來糾合研究「文心雕龍」的菁英，有組織、有計劃地去推動。如果容本人作前瞻性判斷的話，在「文心雕龍學」的園地裏，可說是前景大好。由於國內學人們鍥而不捨地努力，無論是專門的論著，或單篇的論文，都有出人意外的成就。以下筆者爲了精簡筆墨起見，想從民國六十九年（一九八〇）算起到目前爲止，看看這八年來「文心雕龍」的研究，在國內學術界，有甚麼突破性作品的呈現：

㈠在專門著作方面：計有

1.「文心雕龍」研究論文選粹　王更生編　此書於民國六十九年（一九八〇）九月由臺北育民出版社出版。書中共選出三十八篇論文、六八四頁。

2.「文心雕龍」文論術語析論　王金淩著　民國七十年（一九八一）六月由臺北華正書局出版，全書共二六二頁。此爲國內研究文心雕龍術語，最有系統的作品。

3.「文心雕龍」之文學理論與批評　沈謙著　民國七十年（一九八一）五月由臺北華正書局出版。此書爲沈氏的博士論文，內容精審，可讀性高。

4.「文心雕龍」與詩品之詩論比較　馮吉權著　民國七十年（一九八一）十一月，由臺北文史哲出版社出版，全書一九一頁。

5.「文心雕龍研究」　龔菱撰　民國七十一年（一九八二），由臺北縣永和文津出版社出版，全書共三一三頁。龔氏目前服務於國立臺北商專，書有參考價值。

6.「文心雕龍」斠詮　李曰剛著　民國七十一年（一九八二）五月，由國立編譯館中華叢書編審委員會出版，書分上下兩册，共二二五八〇頁。體例完備，資料豐富，足可提供學者研究之需要。

7. 「文心雕龍」讀本　王更生注譯　民國七十四年（一九八五）三月，由臺北文史哲出版社出版，書分上篇下篇，共九三二頁。本書有很多特色，其顯而易見者，是內容簡明，文字順暢，爲問津文心雕龍必讀的要籍。

8. 「文心雕龍」通詮　張仁青著　民國七十四年（一九八五）七月，由臺北明文書局出版，全書一二三頁。

9. 「文心雕龍」通解　王禮卿著　民國七十五年（一九八六）十月，由黎明文化事業股份有限公司出版，書分上下二册，共九二六頁。

10. 「文心雕龍」術語探析　陳兆秀著　民國七十五年（一九八六）五月由臺北文史哲出版社出版，全書二二八頁。

11. 「文心雕龍」與佛教關係之考辨　方元珍著　民國七十六年（一九八七）三月，由臺北文史哲出版社出版，共一三三頁。此爲國內研究文心雕龍與佛教關係的，而最具系統的一部書。

㈡在單篇論文方面：近年的作品不少，無論是注釋方面，考據方面，文原論方面，文體論方面，文術論方面，文評論方面，通論方面以及比較研究方面都有人在默默耕耘，現在我就揀其中最具有代表性的作品列之於後：

1. 劉勰論文的觀點試測　王夢鷗作　中外文學八卷八期　民國六十九年（一九八〇）一月

2. 從劉勰「矯訛翻淺，還宗經誥」的宗經思想，論文章「體」「勢」「常」「變」之極則　林聰舜作　孔孟月刊　民國六十九年（一九八〇）四月

3. 「文心雕龍」述論語考　王更生作　孔孟學報三九期　民國六十九年（一九八〇）四月

4. 「文心雕龍」時序篇通釋　王禮卿作　文史學報十期　民國六十九年（一九八〇）六月

5. 劉勰的論文背景論文觀點與文學批評　齊益壽作　國立編譯館館刊九卷一期　民國六十九年（一九八〇）六月

6. 「文心雕龍」的才性論辨析　王金凌作　輔仁學誌　民國六十九年（一九八〇）

六月

7.「文心雕龍」論文本於道與文以載道　陳問梅作　中國文化月刊　民國六十九年（一九八〇）七月

8.「文心雕龍」述孟子考　王更生作　孔孟學報　民國六十九年（一九八〇）九月

9.比興、夸飾、用典、隱秀——「文心雕龍」論修辭方法　沈謙作　幼獅學誌　民國六十九年（一九八〇）十二月

10.程器才略——劉勰之作家論　沈謙作　孔孟月刊　民國六十九年（一九八〇）十二月

11.「文心雕龍」論批評之素養與態度　沈謙作　中華文化復興月刊　民國七〇年（一九八一）一月

12.神思與養氣——「文心雕龍」論文學創作　沈謙作　中華文化復興月刊　民國七〇年（一九八一）十一月

13.劉勰的創作論與陸機文賦之比較　齊益壽作　中外文學　民國七十一年（一九

八二）六月

14.「文心雕龍」之文類論　李再添作　新埔學報七期　民國七十一年（一九八二）十二月

15.「文心雕龍」與佛學的關係　張意文作　慧炬雜誌二一五期　民國七十一年（一九八二）五月

16.「文心雕龍」述先秦兩漢諸子考　顏賢正作　東吳大學中文研究所碩士論文　民國七十二年（一九八三）五月

17. 試析「文心雕龍」心物交感之論　王基倫作　中華文化復興月刊　民國七十三年（一九八四）三月

18.「文心雕龍」成書年代質疑　王夢鷗作　中央日報　民國七十三年（一九八四）十月

19.「旣洗予聞」意旨的探測——「文心雕龍」序志篇　潘重規作　中央日報　民國七十三年（一九八四）十一月

20. 劉勰滅惑論撰年商榷　潘重規作　中央日報　民國七十三年（一九八四）十二

月

21 誤書——爲「文心雕龍」舉一例　王夢鷗作　中央日報　民國七十三年（一九八四）十二月

22 徐復觀「文心雕龍的文體論」商榷　廖宏昌作　文藝復興　民國七十四年（一九八五）一月

23 簡論劉勰及其「文心雕龍」　王更生作　師大國文學報　民國七十四年（一九八五）六月

24 「文心雕龍」論批評方法　沈謙作　書評書目九六～九七期　民國七十四年（一九八五）五～六月

25 徵聖宗經的文學論　王更生作　孔孟月刊十九卷十一期　民國七十四年（一九八一）六月

26 劉勰的原道觀　鄭毓瑜作　中外文學　民國七十四年（一九八五）八月

27 「文心雕龍」的文學觀　王更生作　孔孟月刊　民國七十四年（一九八五）八月

28「文心雕龍」與國文教學　王更生作　中國國學　民國七十四年（一九八五）十月
29「文心雕龍」文體論　彭慶寰作　逢甲學報十四期　民國七十四年（一九八五）十一月
30「文心雕龍」「六觀」之析論　沈謙作　中外文學　民國七十五年（一九八六）六月
31劉勰佐僧祐撰述考　潘重規作　新亞學報　民國七十五年（一九八六）六月
32淺探劉勰文學批評的理論與實際　王更生作　中華文化復興月刊二三四期　民國七十六年（一九八七）五月

三、「文心雕龍」在中國大陸

大陸上的學者們對「文心雕龍」的研究，最近尤其自「文化大革命」以後，有相當突破性的發明，特別是在思想上、方法上、措詞上或則是形式組織上，更有大幅度的調整，究其原因：一方面是受到對外經濟開放政策的影響，思想有較前更爲自由，另一方面或多或少是受到中華民國學者研究「文心雕龍」成果的衝擊。經我看到的有幾個重要的文獻：如牟世金先生在民國七十三年（一九八四）「文心雕龍學會成立大會專輯」上，發表的「文心雕龍研究的回顧與展望」，李慶甲、汪瀾豪二位合寫的所謂「建國以來文心雕龍研究概述」（此文發表於復旦大學「社會科學版」民國七十三年（一九八四）第五期），又王鎭遠先生發表於「文史雜誌」上的一篇「近年來文心雕龍研究鳥瞰」。以上三篇文章，都是檢討大陸上的學者們對「文心雕龍」研究的力作，我們從他們那種毫不避諱地字裏行間，得到許多有關這方面的資訊。總的說來，他們把「文心雕龍」的研究分成三個階段：一、是「文化大革命」以前，一、是「文化大革命」時期，一、是「文化大革命」以後。他們一致認爲「文化大革命」時期，是「四人幫」大搞「儒法鬥爭」，烏煙瘴氣，當時的作品，算不上甚麼學術研究。根據牟世金先生的統計，近三十年來，「文心雕龍」研究專著，已出版了二十四種，發表的單篇論文約六百篇，這是一個頗爲驚人的數字。不過，依我看來，大陸學者們對「文心雕龍」的研究大致朝着以下幾個方向進行：第一、是關於劉勰的身世及卒年問題，第二、是關於「文心雕龍」的成書年代問題，第三、是關於「文心雕龍」的理論體系結構和宗旨問題，第四、是關於

「隱秀」篇補文的眞僞問題，第五、是關於劉勰「文心雕龍」的思想問題，第六、是關於「風骨」的詮釋問題，第七、是關於「辨騷」在全書中的位置問題。第八、是關於劉勰與佛教關係的問題。但是我很懷疑的是「文心雕龍」和傳統「經學」的關係，他們一直不談、避談，或很少談，至於他們在行文措辭方面，很喜歡用「唯心論」「唯物論」「辨證法」「馬克斯主義」以及「世界觀」這些思維方法和不倫不類的名詞，亂向「文心雕龍」身上貼標籤，其情形亦如我們自由中國學術界研究「文心雕龍」的人士，常用西方資本主義學術界的文學理論術語，來扭曲「文心雕龍」的「本色」一樣。我始終認為學術研究固不能以今臆古，也不能食古不化，既要接受傳統的洗禮，也要輸入時代的新血，但有一個基本的原則，那一定要以甲還甲，以乙還乙，不可阿貓阿狗混為一談；即令必須借用新概念，詮釋舊文化，亦絕不可斲傷本眞，否則就是另起爐灶，又有何「文心雕龍」研究之可言！現在我把大陸自民國七十年（西元一九八一）以後出版的專著，或發表的論文，揀其中最重要的若干種，分別列後：

㈠在專門著作方面：計有

1.文心雕龍文學理論研究和譯釋　杜黎均著　民國七十年（一九八一）十月，由北京出版社出版，全書共二四二頁。

2. 文心雕龍的風格學　詹瑛著　民國七十一年（一九八二）五月，由人民文學出版社出版，全書共一六六頁。此書目前在國內，已由木鐸出版社改版翻印問世。

3. 文心雕龍詮釋　張長青、張會恩合著　民國七十一年（一九八二）八月，由湖南人民出版社出版，全書共三五九頁。

4. 文心雕龍注譯　郭晉稀著，民國七十一年（一九八二）六月，由甘肅人民出版社出版，在本人於民國六十三年三月作的「近六十年來文心雕龍研究總結」（見於中華文化復興月刊七卷三期）一文裏，曾提到郭氏的「文心雕龍譯注十八篇」，本書便是以原著十八篇爲基礎擴大而成。

5. 劉勰論創作　陸侃如、牟世金合著，民國七十一年（一九八二）四月，由安徽人民出版社出版，此書曾經初版於民國五十二年（一九六三），現在這個本子是二十年後經過重修增訂的第二版。

6. 雕龍集　牟世金著　民國七十二年（一九八三）五月，由中國社會科學出版社出版。牟氏寫過很多研究「文心雕龍」的論文，這本書只是他專著中的一種。

7.文心雕龍繹旨　姜書閣述　民國七十三年（一九八四）由齊魯書社印行。

8.文心雕龍創作論　王元化著　民國七十三年（一九八四）二月，由上海古籍出版社出版，此書於民國六十八年（一九七九）初版印行後，早已售罄，這是作者重修增訂後的本子。

9.文心雕龍選譯　祖保泉著　民國七十四年（一九八五）四月，由安徽教育出版社出版。

10劉勰的文學史論　張文勛著　民國七十三年（一九八四）十二月，由人民文學出版社出版，全書一九八頁。

11.文心雕龍論叢　蔣祖怡著　民國七十四年（一九八五）八月，由上海古籍出版社出版，全書二九四頁。

12.神與物遊　艾若著　民國七十四年（一九八五）六月，由文化藝術出版社出版。此書在書名之旁又有一個副標題曰「劉勰文藝創作理論初探」。是一本小冊子，全書僅八二頁、三十二開的本子。

13.文心雕龍選　穆克宏注譯　民國七十四年（一九八五）七月，由福建教育出版社出版，全書一九〇頁，列爲「中國古典文學作品選讀叢書」中的一種。

14.文心雕龍論稿　畢萬忱、李淼合著　民國七十四年（一九八五）九月，由齊魯書社出版發行，全書共二三二頁。

15.臺灣文心雕龍研究鳥瞰　牟世金著　民國七十四年（一九八五）十二月，由山東大學出版社出版，全書共一三七頁，書中對臺灣學者三十多年來研究文心雕龍的現狀和成果，作了廣泛而深入的分析，涉及的層面相當多，值得參考和借鑑的地方不少。

16.文心雕龍探索　王運熙著　民國七十五年（一九八六）四月，由上海古籍出版社出版，全書共二四一頁。

17.文心雕龍釋義　馮春田著　民國七十五年（一九八六）十一月，由山東教育出版社出版，全書共三〇六頁。

18.文心雕龍精選　牟世金選譯　民國七十五年（一九八六）十二月，由山東大學出版社出版，全書共一〇二頁。書中選了文心雕龍十四篇，每篇除「原文」之外，有「簡析」「簡注」「譯文」三項。

㈡在單篇論文方面：筆者僅揀擇第一輯「文心雕龍學刊」（民國七十二年，一九八三），和第二輯「文心雕龍學刊」（民國七十三年，一九八四），兩個刊物所登錄的論文爲準（按「文心雕龍學刊」已出版到第四輯，每輯所收論文至少都在二十篇以上，皆屬會議中討論的作品），同時，這也是極具代表性的作品。

1. 「文心雕龍」在世界美學史上的地位　馬白作
2. 「文心雕龍」中的美學觀點　王達津作
3. 論「文心雕龍」的美學辨證法　杜黎均作
4. 「文心雕龍」的美學價值初探　孫耀煜作
5. 劉勰對古代現實主義理論的貢獻　牟世金作
6. 劉勰論文學眞實　蕭洪林作
7. 劉勰的文學歷史發展觀　王運熙作
8. 略論「文心雕龍」的文學理論體系　李淼作
9. 論劉勰的「自然之道」　蔡鐘翔作

10. 「文心雕龍」的原道論——劉勰文學思想的歷史淵源　張少康作

11. 「文之樞紐」臆說　祖保康作

12. 「文心雕龍」之「神理」辨——與馬宏山同志商榷　程天祜、孟二冬合作

13. 「文心雕龍、辨騷」析疑　蔡印明作

14. 劉勰論「神思」——一個心物同一的形象思維過程　邱世友作

15. 劉勰談創作構思　周振甫作

16. 「文心雕龍、體性篇」「八體」辨析　張可禮作

17. 「通變」雜談　劉建國作

18. 釋「體勢」　寇效信作

19. 談「文心雕龍，聲律篇」與齊梁時代的聲律論　向長青作

20. 「文心雕龍」對作家作品風格的評論　詹鍈作

21 劉勰論漢賦　龔克昌作

22 試論劉勰的鑒賞論與鑒賞觀　劉文忠作

23 「日本研究文心雕龍論文集」序　王元化作

24 魯迅與「文心雕龍」 孫昌熙、劉淦合作
25 「文心雕龍」發微 蔣祖怡作
26 劉勰與佛教 孔繁作
27 對劉勰「家貧不婚娶」和「依沙門僧祐」的看法 馬宏山作
28 「文心雕龍」研究的若干問題 蔣凡作
29 「文心雕龍」研究的回顧與展望 牟世金作
30 略論「文心雕龍」在我國文學批評史上的地位 吳調公作
31 齊梁文壇古今之爭與「文心雕龍」 蕭華榮作
32 「文心雕龍義證」序例 詹鍈作
33 「文心」二題議 陳伯海作
34 惟「變」識得「辨騷」眞 石家宜作
35 劉勰論建安文學 蔡學示作
36 劉勰對三曹評價的得失 張可禮作
37 論「文心雕龍」的文體論 王達津作

38 劉勰論藝術思想的特徵　蕭洪林作
39「文心雕龍」的體性論　張少康作
40 釋「三準」　寇效信作
41「文心雕龍」紀評瑣議　祖保泉作
42 評「文心雕龍的風格學」　劉文忠作
43 劉勰的儒家思想並非古文一派　馬宏山作
44 劉勰是「虔誠的佛教信徒」嗎　陳漢作
45「也談文心雕龍的理論體系」異議　趙堅作

四、「文心雕龍」在日本

根據戶田浩曉先生的「文心雕龍小史」一文的介紹，最早把「文心雕龍」介紹給日本漢學界的是唐德宗貞元年間來中國留學的弘法大師空海（西元七七四～八三五）。在他的「文鏡秘府論、天卷、四聲論」裏，曾引用了「文心雕龍、聲律」篇中的一段文字。又根據小西甚一博士研究，「文鏡秘府論、南卷、定位論」，雖然是依仿成於隋代的「

文章式」之作，但究其論旨，卻是以「文心雕龍、鎔裁」篇爲藍本的。

「文心雕龍」全書傳入日本的時間，根據宇多天皇寬平年間（西元八八九～八九七）藤原佐世輯錄的「日本國見在書目」雜家部與別集部中著錄，有「文心雕龍十卷，劉勰撰」，再證以弘法大師曾經引用的事實，可知此書無疑地是在平安朝（起自延曆十七年（西元七九四），迄建久三年（一一九二））初期（恰當於中國中唐以後，北宋初年）已傳入日本。最早指出此書對日本文學理論產生影響的當推土田杏村，在他昭和三年（一九二八）所著「文學的發生」第八章「批評文學的發生及其源泉」中，談到了「古今集序」和「文心雕龍」的關係。

至於「文心雕龍」在日刊行的板本，最重要的有兩種，這兩種前者收藏於日本九州大學，後者收藏於京都大學。收藏九州大學的，版心刻有「尙古堂」三字，戶田先生根據「慶長以來書賈集覽」的說法考察，推定這個木活字本一定是享保十六年（西元一七三一）以前出版的。收藏於京都大學的，是享保十六年大阪心齋喬勁的文海堂（敦賀屋九兵衞和同治兵衞）共同刊行的，系播州网乾儒者岡白駒（字千里、號龍洲）以前述「尙古堂本」爲底本，加以校正句讀，並增添漢語音讀後出版的。岡白駒著述雖多，但自生前迄今尚未得到較高的評價。而其校正句讀的「文心雕龍」，卻隨著時代進步的浪潮流傳迄今。

日本對於「文心雕龍」作正式的研究，大概要推到第二次世界大戰以後，當時全國有三個學府進行其事：一、是以已故的斯波六郎爲中心的廣島大學；一、是以已故的吉川幸次郎爲中心的京都大學；另一是以目加田誠爲中心的九州大學。斯波六郎的「文心雕龍范注補正」「文心雕龍札記」和他的門生岡村繁作的「文心雕龍索引」等，就是當時廣島大學的研究成果。吉川幸次郎之在京都，雖然他本人對「文心雕龍」沒有發表過引人注目的論文，但在他的門生中，如已故的高橋和己便曾發表過題爲「劉勰文心雕龍文學論的基本概念之研究」，頗受學術界的重視。又吉川門下的興膳宏先生出版了日本最早的「文心雕龍」全譯本，這在本人作的「近六十年來文心雕龍研究總結」裏曾經提到過。九州大學的目加田誠先生在「文學研究」雜誌（九州大學出版）連續發表了六個長篇的「文心雕龍譯注」，後來又加以補訂，將本書的全譯收入「中國古典文學大系」第五十四卷「文學藝術論集」中。目加先生的門生林田愼之助的「文心雕龍文學原理論的若干問題」一文，倒是發展了他老師後續研究中的重要論文。此外東京立正大學的戶田浩曉先生，從二次大戰時就致力於「文心雕龍」的譯注和版本研究，而且他的研究工作在戰後最先得到斯波六郎先生的重視，在斯波先生的鼓勵下，他在「支那學研究」雜誌上陸續發表不少的論文，最近他又完成並出版了「文心雕龍全譯本上下册」（上册出版於民國六十三年（一九七四），下册出版於民國六十七年（一九七八））。這個全譯本可以說是戶田先生自戰時研究「文心雕龍」以來的一個總成就。

本人手邊有兩份彌足珍貴的資料，都是日本學者近期研究「文心雕龍」的重要論著：一、是王元化先生選編的「日本研究文心雕龍論文集」（民國七十二年（一九八三）四月齊魯書社出版），一、是由彭恩華先生編譯的「興膳宏文心雕龍論文集」（民國七十三年（一九八四）齊魯書社出版）。前書除了「序文」和「附錄」以外，包括了十一篇價值極高的論文，現在把每篇論文的題目作者錄之於下：

㈠「文心雕龍」小史：戶田浩曉

㈡評斯波六郎「文心雕龍原道、徵聖篇札記」：吉川幸次郎

㈢「文心雕龍」札記：斯波六郎

㈣作爲校勘資料的「文心雕龍」敦煌本：戶田浩曉

㈤「黃叔琳本文心雕龍校勘記」補：戶田浩曉
㈥「文心雕龍」梅慶生音注本的不同版本：戶田浩曉
㈦「文心雕龍」的自然觀——探本溯源：興膳宏
㈧「文心雕龍」與「詩品」在文學觀上的對立：興膳宏
㈨劉勰的「風骨」論：目加田誠
㈩「文心雕龍」文學原理論的若干問題——關於劉勰的美學思想：林田愼之助
⑪圍繞「文心雕龍、神思篇」：安東諒

後面的一部是「興膳宏文心雕龍論文集」，此書共二百零二頁，除書前的譯者彭恩華先生的「序言」和「興膳宏主要著作一覽」之外，以下共有四篇論文，其篇目：

㈠「文心雕龍」與「出三藏記集」
㈡「文心雕龍」總說
㈢「文心雕龍」人物略傳
㈣「文心雕龍」大事年表

興膳先生的這四篇論文，其中第二篇「文心雕龍總說」，就是他的「文心雕龍全譯本」

中的「解說」，第三篇「文心雕龍人物傳略」，就是「全譯本」中的「歷代主要作家略傳」，第四篇「文心雕龍大事年表」，就是「全譯本」中的「文心雕龍略年表」，祇有第一篇「文心雕龍與出三藏記集」一文，不見於「全譯本」，而爲興膳先生一九八二年的作品，原作見於日本京都大學人文科學研究所出版的「中國中世紀的宗教與文化」一書。我曾再三細讀興膳先生此文，發現他辨析入微，取材新穎，尤其在推陳出新中，取得了超軼前人的研究成果，着實令人欽佩。

至於近期日本學者研究「文心雕龍」的論著，爲「近六十年來文心雕龍研究總結」所未涉及到的，逐篇錄之於後：

(一)「文心雕龍」全譯本：目加田誠撰，民國六十三年（西元一九七四），由東京平凡社出版，列爲「中國古典文學大系」第五十四集「中國文學藝術論集」。此書出版前，譯文曾連載於「文學研究」第三十四號（西元一九四五）以下各期。

(二)「文心雕龍」研究緒序——關於劉勰的世界觀和文章論的發展：門脅廣文作。見載於一九七八年十一月東北大學中國文史哲研究會出版的「東洋學集刊」第四十號。

㈢圍繞「文心雕龍、神思篇」：安東諒作。此文載於一九八〇年出版的「日本中國學會報」第三十二集。後又收入王元化先生編選的「日本研究文心雕龍論文集」中，本文前面曾經引過。

㈣評斯波六郎「文心雕龍、原道、徵聖」篇札記：吉川幸次郎作，收入王元化先生編選的「日本研究文心雕龍論文集」中，本文前面曾經引過。

㈤日本研究「文心雕龍」簡史：釜谷武治作。見載於「文心雕龍學刊」第一輯中。

㈥「文心雕龍」考劉勰の根本的思考樣式について：門脅廣文作，此文見載於一九八一年五月，出版的「東洋學集刊」第四十五期。

㈦「文心雕龍」の自然觀照——その源流を求て：興膳宏作，此文見載於一九八一年六月，出版的「立命館文學」（爲百川靜博士古稀紀念中國文史論叢）。

㈧「文心雕龍」考——文學原論の成立について：門脅廣文作，此文見載於一九八一年九月出版的「文化」。

㈨「文心雕龍」の基本的性格——その創作論とこの編述體系：甲斐勝二作，此文見載於一九八二年十月，九州大學出版的「中國文學論集」。

(一〇)「文心雕龍」研究文獻目錄初稿：門島成美作，此文見載於一九八三年三月，筑波大學出版的「中國文化論叢」。

(一一)六朝時代における文學評語「新」——西晉太康齊梁文學の「新」と「文心雕龍」：久保卓哉作，此文見載於一九八三年三月「宇部工業高等專門學校研究報告」中。

(一二)「文心雕龍」情采、鎔裁篇：安東諒作，此文見載於一九八三年一〇月「小尾博士古稀紀念中國學論」中。

(一三)「文心雕龍」における五經と文筆美：岡村繁作，此文見於一九八四年九州大學出版的「中國文學論集」中。

五、「文心雕龍」在韓國

韓國研究「文心雕龍」的學者及作品，我見的雖然不多，但成均館大學中國文學教授車柱環先生，於民國五十六年（西元一九六七）在「東亞文化」雜誌上連載的「文心雕龍疏證」，由「原道」篇到「明詩」篇，這六篇「疏證」的內容，確實是考訂精詳，文字簡練的作品。以後車先生有沒有集結成書，我還不知道。此外崔信浩先生譯註的「文心雕龍」，於民國六十四年（西元一九七五）五月出版，同年十二月又修訂再版。由「玄岩出版社」發行，這是我看到的第一部韓文本的「文心雕龍」。崔先生現任韓國聖心女子大學教授。該書書末附有「後記」一文，文中除了介紹劉勰的家世、出身、經歷、著作外，並肯定「文心雕龍」爲文學理論與評論之作。最後並詳述其研究「文心雕龍」的態度，曾云「日復一日，細細涵泳，不知不覺漸漸進入文學奧妙的境界。常於神遇處得其會心。……並希望本書能成爲有語言障礙者之一助。」從他的「後記」中，可以略窺「文心雕龍」在韓國學術界中的地位。

成均館大學校大學院中國語中國文學科、專攻中國文學的姜正萬先生，於民國七十五年六月，由任日鎬教授指導，完成了他的碩士論文。這篇碩士論文的題目就是「文心雕龍文氣論研究」，全文內容共分六章，七十六頁。這是韓國學術界以研究文心雕龍而獲得學位的第一篇論文。

最近又看到在西元一九七六年十二月，忠南大學人文科學研究所論文集、有洪寅杓先生寫的一篇「文心雕龍」出現——劉勰的文學觀。又一九七八年七月，任日鎬先生在成均館大學校人文科學上寫了一篇「文心雕龍」文體論的淵源及其內容的文章。去年，也就是民國七十五年（一九八六）九月，到七十六年（一九八七）八月來國立臺灣師範大學作學術訪問的韓國國立公州師範大學國文學科教授趙載熙先生，對「文心雕龍」極有興趣，並立志要投入此一研究行列，壯大「文心雕龍學」的陣容。我們非常歡迎趙教授的加入，希望在最近的將來，能看到他在「文心雕龍」方面的具體成果。

六、「文心雕龍」在歐美

「文心雕龍」研究在西方世界裏，雖然不是冷門，但絕對不是熱門，這不光是文字障礙的問題，同時劉勰的思維方法和評文態度，也許不爲西方學界所喜。至於基本上的歧距，我想還是在於東西方文化上的差異。不過，根據我個人研讀的經驗，假若拿美國學者韋勒克、華倫二位合著的「文學論——文學研究方法論」（此書由王夢鷗教授、許國衡先生合譯，民國六十五年十月經臺北志文出版社發行）。如果把這部被國內推爲「世界最好的文學理論名著」，來和「文心雕龍」相比較，除了時代上的差距造成思想上、方法上的不同外，單從兩書的內容、結構、文字以及所涉及的文學層面寬廣度而言，「文心雕龍」要比「文學論」高明和完備得多。所以歐美人士研究「文心雕龍」，勢必要等待施友忠教授的英文全譯本「文心雕龍」出版後，才有比較夠份量的論文出現。現在我就根據手邊的資料，將歐美學者這些年（不限於最近十年內）研究「文心雕龍」的重要論文開列如後。

㈠阿列克謝耶夫（B. Alexeiev）的法文專著「中國文學」（La Litterature Chineisc），此書於一九三七年出版於巴黎格爾特內爾出版社，其中二十三～二十七頁及一百三十頁有「文心雕龍、辨騷」篇的譯評。

㈡休斯（E. R. Hughes）翻譯陸機的「文賦」（the Art of Letters）英譯本，於一九五一年在紐約出版。其中二三六～二四〇頁部分爲「文心雕龍」第一章「原道」的譯評。

㈢陳史湘（Chen shih-shiang）的「初期中國文學批評探討」（Gnseazch of the Beginnings of Chinese Literary Cniticism），於一九五一年由哥倫比亞大學出版部印行。

㈣美國著名漢學家海托華（Hightower J. R.）的論文「文選及理論流派」（The

Wen Hsuanand Theory），載於一九五七年出版的「哈佛亞洲研究雜誌」(Harvard Journal of Asiatic Studies) 卷二〇。

㈤沃森（Watson B.）的專門著作「早期的中國文學」（Early Chinese Literature）於一九六二年在紐約出版。（按此書雖未講到「文心雕龍」，但沃森先生的對中國文學的看法，可以和「文心雕龍」相發明。羅錦堂博士於民國五十八年（一九六九）十二月曾將其譯爲中文，並委託華岡出版部發行。）

㈥Liu J. 的專門著作「中國文學理論」（Chinese Thearies on Literature）於一九七五年分別在美國的芝加哥和英國的倫敦出版。

㈦匈牙利漢學家弗倫斯・多奎（Ference Tokei）的專著「中國三～六世紀理論流派」（Mufajelmēlite Kinaban a Ⅲ～Ⅵ. Szâzadban, Liu Hie Iemelite a Kotoi müfajakrôl），此書於一九六七年出版於布達佩斯，全書三二八頁。一九七一年又於布達佩斯出英文版，內容以評介劉勰的文學理論爲主。

㈧唐納德・吉布斯（Danaid A. Gibbs）著的「文心雕龍的作者——劉勰」，一九七一年載在「華裔學誌」第二十九期一一七頁至一四一頁。

㈨匈牙利漢學家鮑羅尼（Polong）的論文（A kinairtarsadiam holyi szeveye-tonek hygyamanyes etemei）。於一九七三年載在布達佩斯出版的（Volosag）雜誌第三號。

㈩伊利莎白・海音（Elizabeth Heine）著「劉勰文心雕龍中性字的英文意義」，此文收入一九七五年巴黎第二十九屆國際東方學會論文集「古代中國」第一五五～一六一頁，一九七七年由巴黎亞細亞出版社出版。

七、「文心雕龍」在蘇俄

從王麗娜、林維洙的「國外對文心雕龍的翻譯和研究」一文，引蘇俄漢學家費德林一九七一年所撰的「中國文學研究的問題和任務」（收入「中國文學研究動態」一九八〇年第二十四期，尹錫康譯），曾經提到蘇俄漢學家研究中國文學的狀況時說：「直到最近，我們（指蘇俄）的漢學家還極不注意分析文藝作品的風格和揭示其思想、美學影響的手段，不注意對文學語言性質的認識，也沒有顧及到整個中國文學的藝術語言手段的特徵問題。」由此看來，他們對「文心雕龍」的研究，甚而發表有系統性的論著，還是最近若干年的事，例如：

㈠康拉德（H. N. K'OHPaⅡ）的「中國文學選」，於一九五九年在莫斯科出版，卷一有作者對中國文學史的概括介紹，其中解釋「文心雕龍」的「雕龍」二字，謂含有「藝術」之意。

㈡阿列克謝耶夫（B. M. AⅡekcees）的專著「中國文學」，此書一九七八年由莫斯科科學學院遠東文學總編輯部出版。

㈢費德林（H. ΦeⅡopeko）的專門著作「中國文學研究問題」，此書於一九七四年由莫斯科文學出版社出版，共四六二頁。

㈣李謝維奇（N. C. Ⅱnce Bnq）的專門著作「中國的文心：中國古代和中世紀之交的文學思想」，此書於一九七九年由莫斯科科學院出版，共二六四頁。

㈤蘇俄的哲學副博士克利夫佐夫（B. A. KPNBUOB）的論文「關於劉勰的美學觀點」，原文見載於一九七八年的「遠東問題」雜誌第一期。這篇論文的內容共分五個部分：第一部分是概述「文心雕龍」的美學成分，和引起蘇俄學術界的廣泛注意的情形，並推崇劉勰爲批評家中的批評家；第二部分着重分析「風骨」的含意；第三部分重點在談文學的藝術性，並證明劉勰「文心雕龍」正揭示了這個興趣；第四部分分析劉勰重視文學的感情作用的問題，他肯定劉勰認爲作家的感情生活，有其外在物質世界的基礎，而他的創作成就本身，又是以感情生活爲基礎的；既然人的感情對於創作如此重要，所以人的本身在劉勰心目中就具有特別的價值；第五部分也是該論文的最後部分，是作者克利夫佐夫對劉勰的美學觀點作了扼要的總結：以爲「劉勰所說的美，首先是自然美，並主張內容充實，感情豐富，優美而質樸。」因此他糾正俄國學術界原先翻譯「文心雕龍」爲「文學思想和雕刻的龍」是不確切的，應改譯爲「以心寫成的，像雕龍一樣優美的文學」，才合乎事實。這是一部蘇俄學術界研究「文心雕龍」比較具有系統性，且內容尙屬中肯的著作，特別加以簡介。

八、結　語

在結語內，筆者要特別作補充介紹的，是香港方面的學術界近年對「文心雕龍」研究的情況。香港不僅是世界銀行的樞紐，和高度國際化的商業都會；同時，由於近年海峽兩岸的漸次開放，就是在學術方面，也迅速形成了世界文化資料的交換中心。

我有許多志同道合的朋友們，目前正執教於香港大學、中文大學、浸會學院、珠海書院；並擔任「文心雕龍」、文學理論或文學批評的課程。其中對「文心雕龍」研究有成，而又有論著發表的，計有港大的陳耀南和浸會的羅思美。陳教授的作品，如「文心神思篇眾譯商榷」、「文心神思篇新譯」、「文心原道眾說平議」、「周易繫辭與文心原道」、「文心雕龍的邏輯運用」、「文心風骨羣說辨疑」等。羅教授的作品有「試論文心雕龍原道之道」。這些都是他們二位近年的力作。頗有參考價值。

至於其他好友在這方面的專著必定不少，但由於筆者侷處海隅，平時聯絡不易，遺珠之憾，在所難免，尚望知我、恕我。